KI▸KU▸TA

機器も　駆使して　楽しく学ぶ

ICT × 学力 × 配慮

読み書き困難のある子どもたちへの支援

～子どもとICTをつなぐKIKUTAメソッド～

一般社団法人
読み書き配慮 代表理事 **菊田史子** ・ 北陸大学 教授 **河野俊寛** 著

金子書房

はじめに

一般社団法人読み書き配慮 代表理事
菊田史子

　私が息子の読み書き困難に気がついたのは，彼が6歳の頃のことでした。読み書き困難についての知識がなかった私たちが，親子で七転八倒しました。練習あるのみ，と文字を書かせようとする私と書けずに苦しむ息子との間で親子関係は険悪になりました。すっかり自信を失った息子は，学校への適応状態も悪化するばかりでした。

　親子して苦悶の果てに，ICT[※注]を使って読み書き困難を解決する方法に辿り着いたのが小学5年生の時でした。そして6年生からは，学校でもICTを読み書きの補助に使う合理的配慮が提供されて，読み書き困難を乗り越えることができました。

　合理的配慮を引き継いだ中学校では，息子は順調に学力を伸ばしました。高校受験も配慮で乗り切り，慶應義塾高校に進学しました。そして今（2023年6月現在）は，慶應義塾大学環境情報学部に在籍し，周囲の仲間に恵まれ，学びたいこと三昧の大学生活を謳歌しています。

　2022年12月に公表された文部科学省の調査によれば，通常の学級に在籍する小中学生の8.8％が学習面や行動面で著しい困難を示しており，中でも学習面に著しい困難を持つ児童生徒の割合は6.5％とされています。これは，学校の先生が「学習面に著しい困難がある」と感じる児童生徒の数です。中には見過ごされている児童生徒もいますので，発生率とは差があります。読み書き困難の発生率は言語によって異なりますが，日本語の場合の発生率は，漢字では約6％と言われています（Uno et al., 2009）。決して少ない数字ではありません。

　ところが，この事実はまだ日本の社会に広く知れ渡っているとは言えません。そのため，「読み書きできないのは怠けていること」と勘違いされがちです。誰

も気づいてくれない環境の中で，読み書き困難の子どもたちは，一人ぼっちで自分の困難と戦っているのかもしれません。

「がんばりが足りないせいだろう」という疑いは，子どもの尊厳そのものに向けられることになります。就学と共に継続する尊厳への疑いは，しだいに子どもの自己肯定感を削ぎ，気力を削ぎ，周りの人との関係性に暗い影を落としていきます。それは親子関係においてさえもそうです。

しかし，読み書き困難は解決できる困難です。適切に発見し（知る），検査し（調べる），配慮（支援）しさえすれば良いのです。それは困っている子どもと社会が，互いの力で社会的障壁を崩していくことに他なりません。

私たちは読み書き困難の子どもたちに向けて，「読み書きできない子どものスクール KIKUTA」を開催しています（「KIKUTA」は「機器も・駆使して・楽しく学ぶ」の頭文字を取ったものです）。これまでに私が代表を務める「一般社団法人 読み書き配慮」が蓄積してきたデータベースや相談事業，セミナー事業をもとに，困難の解決までに必要な力を身につけていくプロセスを，全9回，3か月ほどのプログラムにまとめました。目の前に立ちはだかる社会的障壁を，自らの力と自ら引き出した周囲の協力で打ち砕いていく術を伝えるのが，このKIKUTA という教室のミッションです。

KIKUTA では，後述する基礎プログラム（以下，KIKUTA プログラムと呼びます）の中で，子どもたちは読み書きに困難がある自己を認知し，ICT の使い方を学び，未来を描き，配慮を求めるためのプレゼンテーションの仕方を学びます。それに加えてKIKUTA では，子どもたちの学ぶ意欲を刺激するような発展的学びのプログラムも用意しています。化学，物理，哲学など分野を問わず，探求心に火をつけるような学びのメニューです。学びの楽しさを感じなければ，配慮をお願いしてまで学ぶモチベーションは湧かないからです。さらには自立していく我が子の後方支援に回る保護者のために，保護者向けのプログラムも用意しています。人一倍心配し，手をかけてきたであろう我が子を自立させていくために，親同士が学び合い，支え合いながら手を離していくためのプログラムです。こうしたプログラムを総称して「KIKUTA メソッド」と呼んでいます。

　KIKUTAを訪れる子どもたちは，学びを阻む社会的障壁を前にして，深く傷ついています。

　小学校6年生の上川くん（仮名）は，KIKUTAの入講式の2日前に「学習障害」の診断が出たばかりでした。彼は診断名を告げられた診察室で，「僕，障害なの？」と言うや否や嘔吐しました。母親は気づいてあげられなかった自分を責め続けました。スタッフとの会話の中で，「子どものために何もできない無力な親ですみません」と謝ってばかりいました。KIKUTAのスタッフは，私をはじめ読み書きに困難を抱える子どもの親が多くいます。同じ親同士である私たちは，その母親の気持ちが痛いほどわかります。「今の社会では，読み書き困難を知らなくて当然だし，気がついた今から解決へ向かうので大丈夫！」とひたすらなぐさめ伴走しました。母親は，解決へ向けて何か動かなければならないと先走る気持ちと，何をしたらいいのかわからない現実の中で混乱していました。親子の間でも，夫婦の間でも，「障害」を受容して前に進むために葛藤がある様子は傍目にもわかりました。

　中学1年生の北本くん（仮名）は，入講式のその日，無気力な表情で教室を訪れました。彼は，小学6年生の時には医師の診断をもとに担任の先生に配慮申請したにもかかわらず，受け入れてもらうことができませんでした。北本くんは大人への不信が募り，しだいに学校に行かなくなっていきました。KIKUTAには保護者の申し込みで渋々連れてこられました。大人への信頼を失ってしまっている彼は，KIKUTAに対しても警戒心を抱いている様子でした。

　山木くん（仮名）は，自ら望んでKIKUTAに申し込みをしました。知性が高く，あらゆる分野に興味を示し，快活に笑ったり話したりする彼ですが，落ち着きのなさにはどこか不安が感じられました。どこまで許されるのか，大人を試しているようでもありました。快活に喋っていたかと思えば，突然，ふっと自分の世界に閉じこもることもあります。「僕には何の価値もない」と小さな声で呟くこともありました。「何の」に力を込めるそのつぶやきには，心に負った傷の深さを垣間見るようでした。

　この本の中では，そんな子どもたちが困難を解決する力を身につけて，心の健やかさを取り戻していく軌跡も紹介していきます。それは周囲との絆を紡い

でいく軌跡でもあります。

　私たちは，こうした試みが，全国津々浦々で展開されていくことを願っています。全国のどこに生まれても，読み書き困難で困ることのない社会を子どもたちに用意したいからです。
　とは言っても，読み書き困難への知見も ICT 支援の前例もない中で，何をどう進めていったらいいのかわからない，と思う読者の方も多いでしょう。そこで，本書では，読み書き困難の発見から解決に至るまでを，「知る・調べる・支援する」の３つを柱にまとめ，KIKUTA プログラムと，そこで得られたノウハウの全てを集約しました。

　本書が解決へのマニュアルとなって，読み書き困難で傷ついている子どもたちが各地で救われることを切に願っています。そしてこの国の社会が，困難を抱える人をも包含して助け合い，等しく夢を追いかけてそれぞれが大活躍していける社会に成熟していくことを，心から願っています。

※注
ICT とは「Information and Communication Technology」の頭文字をとった言葉で、日本語では「情報通信技術」。パソコンやタブレット PC、スマートフォン、インターネットなどのことを指します。

目次

第 1 章

読み書き困難の子どもを
救うために

1 読み書き困難の子どもを救う
3つのセーフティーネット

　読み書き困難がわかって，検査でその状態を納得して解決の方法を知るまでに，私（菊田）の息子の場合は 5 年の歳月がかかりました。読み書きの困難があることがわからないまま大人になる人の数が，決して少なくないと想定される我が国で，読み書き困難があることがわかって，しかも解決に辿り着けたことは幸運とも言えます。しかしながら，それは心がポッキリ折れてしまう一歩寸前でもありました。

　KIKUTA では，「できない自分」に何年も向き合い続けた末，心がすっかり折れてしまったお子さんに出会うことも少なくありません。

　心が折れてしまう前に子どもたちを救うには，社会に 3 つのセーフティーネットが必要だと私たちは考えています。それは，読み書き困難を，知る・調べる・支援する，というセーフティーネットです。

読み書き困難の子どもを救う3つのセーフティーネット

❶ **知る** ——読み書き困難の背景について知る

❷ **調べる** ——読み書き困難を調べる（評価・アセスメント）

❸ **支援する** ——読み書き困難をカバーする工夫を支援する

　以下，この 3 つのセーフティーネットについて詳しく説明します。

（1）知る——読み書き困難の背景について知る

　まずは子どもの周りに，「もしかして，読み書き困難かもしれない」と気づいてくれる人がいるということが重要です。学習内容は理解できているのに，全くといっていいほど勉強ができない，なんとなく学校に行きたがらない，宿題に2時間も3時間もかかる，本を読みたがらないなど，子どもたちは何かしらサインを出しているかもしれません。保護者でも，親戚でも，学校の先生でも，塾の先生でも，誰でもいいので，子どもの小さなサインをキャッチして，「読み書き困難かもしれない」という疑いを持ってほしいと思います。

　「読み書き配慮」では，読み書き困難を知ってもらうためにさまざまな発信をしています。新聞やテレビなどのメディアによる発信の他にも，さまざまなセミナーを通じて発信を続けています。

　その中の一つに，本書の著者の一人でKIKUTAプログラムの監修者である河野俊寛氏による「なぜICTを使うのか」というセミナーがあります。本書ではその内容を，本章の第2節に書き下ろしました。「読み書き困難」のメカニズムと，ICT支援の有効性について広く知っていただければと思います。

（2）調べる——読み書き困難を調べる（評価・アセスメント）

　検査を受けて読み書きに困難があるとわかったときに，読み書き困難を疑ってから，適切な検査に辿り着くまでに，何年もの時間がかかった息子は，「ああ，自分が怠けていたのではなかった」と知って，ほっとしたのだそうです。親の立場である私（菊田）も検査結果を見て，読み書きの訓練を続けなくてもいいのだと思うことができました。「もしかして読み書き困難かも？」と感じたら，すぐに検査ができる体制が，どの地域にも整ってほしいと思います。

　読み書き困難の検査は30分程度の簡単な検査で行うことができます。学校，教育センターのほか，病院や療育施設など，学校の内外を問わず読み書き検査が手軽に受けられるとよいと思います。子どもに関わっている心理職（公認心理師や臨床心理士）・言語聴覚士・特別支援教育士など，基礎資格をお持ちの方々には，専門の知識を使ってぜひ検査にご協力願えればと思います。

「読み書き配慮」では，読み書き検査を実施できる人が全国にいて，読み書きの困難が疑われたら即座に検査を実施できるようになってほしいという願いから，読み書き検査の研修会も定期的に開催しています。本章の第 3 節で，河野氏による読み書き検査の概論についての解説を掲載しています。

（3）支援する ——読み書き困難をカバーする工夫を支援する

読み書きに困難があるとわかっても放置されるケースは少なくありません。学校の先生から，「そういう（読み書き困難の）お子さんね，時々いますよ」と言われて配慮を断られたという事例はあまた耳にします。読み書きに困難がある子がいるとわかっているなら支援してほしいと思いますが，支援の必要もやり方も，まだまだ現場に知られていないことの現れだと思います。

また逆に，「いつか治るかもしれない」という間違った認識の「支援」も残念ながら後を絶ちません。読み書き困難は，残念ながら完全に治るわけではありません。読み書き困難の子どもは，読み書き困難の大人に育っていくのです。

では，どんな支援が望ましいのでしょうか。例え読み書き困難があっても，そのお子さんはいずれ自立して暮らしていくことになるでしょう。自立して生きていくためには，自分で情報を適切に取り入れ，自分の頭で思考して，適切に判断していく力が必要です。

ということは，読み書きに困難があってもなんらかの方法でその困難をしのいでいく力を育てることが必要なわけです。

しかしながら，それをどんなプログラムで教えていけばいいのかわからないという声は，保護者からも学校からもたくさん聞かれます。

「読み書き配慮」では，読み書きの苦手な子どもを対象にしたスクールKIKUTA を開催しています。読み書きの苦手な子どもたちに，ICT機器を使って読み書き困難を克服する方法を伝える「機器（KI）も駆使（KU）して楽しく（TA）学ぶ」教室です。

本書の第 4 章では，その KIKUTA で実践しているメソッドを具体的に紹介していきます。長い時間とコストをかけて構築してきたノウハウを，本書を通じてオープンリソースにするのは，KIKUTA にかかわらず，支援できる体制が各

地域・各機関に整ってほしいと願っているからです。

 ## 2 読み書き困難の背景について知る

（1）低次の読み書きと高次の読み書き

　読み書きには，「低次の読み書き」と「高次の読み書き」があります。低次の読みは文字を音に変換する過程で，低次の書きは音を文字に変換する過程です。一方，高次の読みは文章内容を理解する過程で，高次の書きは考えている内容を文章化する過程です（表1）。

　読み書き困難は，低次の読み書きに困難がある状態です。高次の読み書きそのものには困難はありません。ただし，低次の読み書きの困難の影響で，高次の読み書きに困難があるように見えることはあります。しかし，文字ではなく音声を使うと，文章の内容理解ができたり，考えていることを相手に伝えたりすることが容易にできます。

　定型発達であれば，低次の読み書きは自動化します。読む時には，文字の音を意識することなく目は文字を追い，書く時には，文字の形を意識することなく手は自動的に動きます。自動化するまでに練習を繰り返してはいるのですが，小学2年生ぐらいまでに低次の読み書きは自動化するので，大人になった時には，低次の読み書きの練習の苦労を忘れてしまっています。その結果，「読み書き」と聞くと，高次の読み書きしか思い浮かべることができなくなってしまうのでしょう。

　読みは，視覚処理，音韻処理，意味処理の過程に分けることができます。視覚処理と音韻処理が低次の読みに，意味処理が高次の読みに関係します（図1）。

　文字は図形ですので，まず視覚で処理されて，意味のある文字として認識され，文字と文字の区別がされます。その後で，文字の音（音韻）が取り出され，最後に単語や文としての意味処理がされます。読みに困難がある状態は，低次の読みに関係する視覚処理と音韻処理のどちらかか，両方に困難があることになります。意味処理に困難があるのは，知的障害の場合です。読み書きに困難

表1　低次の読み書きと高次の読み書き

低次の読み	高次の読み
文字→音	文章→内容理解
低次の書き	高次の書き
音→文字	思考内容→文章

があると，知的障害が疑われる場合がありますが，低次と高次の読み書きを区別して考えると，その違いがわかりやすくなるでしょう。

　書きは読みとは逆のプロセスになります。私たちは言語を使って考えます。言語は音です。その音を表す文字の形（文字イメージ）を想起し，文字として書き出す過程が書きのプロセスです。言語を使って考えている過程は高次の書きに，音と文字イメージを照合して文字として書き出す部分が低次の書きに該当します（図2）。

　書きに困難がある場合は，低次の部分である，音と文字イメージの照合に困難があります。高次に該当する思考には困難がありません。ですから，文字を使わずに音声言語で考えている内容を話してもらうと，しっかりとした内容であることが確認できます。知的障害であれば，年齢相当の思考内容ではない，ということになるでしょう。

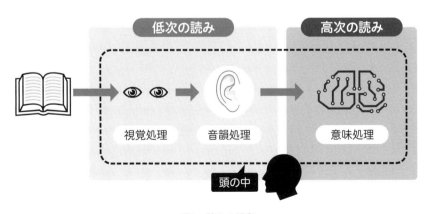

図1　読みの過程

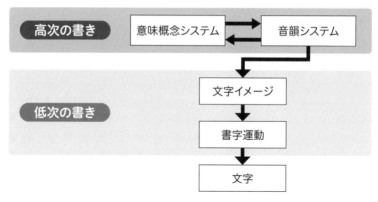

図2　書きの過程

（2）読み書き困難の状態とは

　読み書きに困難がある状態は，字が全く読めない，字が全く書けないのではなく，すらすらと正確に読み書きできない状態をいいます。つまり，低次の読み書きの流暢さと正確さに困難がある状態です。また，流暢さに困難があると，疲れやすくなります（易疲労性）。低次の読み書きに困難があると，結果として高次の読み書きに影響を与えるのも，この易疲労性が原因の一つです。

　小学1，2年生での読み書き困難の具体的な姿は，逐語読み（1字ずつ読むので，内容が理解できない），飛ばし読み，文末の読みまちがい（「ました」→「ます」等），拗音（「しょうぼうしゃ」等），促音（「がっこう」等）が読めなかったり書けなかったりする，濁点や半濁点を付け忘れる，助詞の「は」「へ」「を」の表記をまちがう，カタカナが覚えられないなどが見られます。

　小学3年生以降では，学年レベルの文や初めての文章は読むのが困難，黙読ができない，流暢に読めない，読み方が変わる漢字が読めない（「青空」と「空気」，「東西南北」と「東」「西」等），読み飛ばしや読みまちがいが多い，ひらがな主体の文しか書けない，句読点が抜けるなどの姿が見られます。

　中学生以降では，英語の学習につまずく（英語だけの読み書き困難が存在する），読むのに時間がかかる，作文が書けない，学習意欲が薄れる，不登校にな

る可能性が高いなどがあります。不登校については，小枝（2002）は，学習障害と診断された小学生の 34.5%，中学生の 59.5% が不登校になっていたと報告していますし，石井ら（2008）でも，情緒障害通級指導教室に通っている学習障害児のうち，小学生は 11.1%，中学生は 50.0% が不登校であったことが報告されています。読み書きに困難があると，中学生では二次障害として不登校の割合が高くなることがわかります。

③ 読み書き困難を調べる —— 評価・アセスメント

（1）読み書き困難の評価

　読み書きの困難は低次の読み書きの正確さと流暢さの困難です。ですから，低次の読み書きの正確さと流暢さを測定し，同年齢の平均値と比較すると，読み書きの困難さを評価することができます。読み書きの正確さと流暢さを測定する評価課題としては，表 2 に示したものが使用されています。

　重要なことは，同学年（同年齢）の平均と比較するという点です。読みの流暢性に困難がある A さんという小学 1 年生を例に説明しましょう（図 3）。A さんの読み速度は 90 字 / 分だとします。1 年生の平均読み速度は 243.4 字 / 分ですので，約 2.7 倍の時間がかかる遅さです。しかし，A さんの読み速度も，成長とともに自然に改善する部分があります。6 年生になった時には，読み速度は 230 字 / 分になっていたとします。もし，A さんの 1 年生の担任が 6 年生の A さんの音読を聞いたら，「A さん，上手になった，がんばった」と思うでしょう。しかし，6 年生の平均読み速度は 445.5 字 / 分ですので，まだ約 1.9 倍の時間がかかる遅さです。平均との差は少しは縮まったとしても，相変わらず同級生と比較すると遅いことには変わりはありません。この平均との差に注目することが支援につながるので，平均との比較が重要になるのです。

　また，発達障害などが疑われて，支援が必要かどうかのアセスメントに広く使われているウェクスラー式知能検査（WISC）だけでは，読み書きに困難があるかどうかはわかりません。それは，WISC-Ⅴ（WISC 第 5 版）で筆記用具を

表2　読み書きの正確さと流暢さの評価課題

	正確さ	流暢さ
読み	正確に読めた文字数・単語数	「読み」の速度
書き	正確に書けた文字数・単語数	「書き」の速度

使って課題に取り組むのは，「符号」「記号探し」「絵の抹消」の3課題だけであり，しかも，それらの課題は文字ではなく図形が出題されているからです。WISC-Vでは，「符号」「記号探し」「絵の抹消」の課題は，「処理速度」の下位検査であり，元々読み書きの評価には関係ない課題でもあります。読み書きのアセスメントは，読み書きの正確性と流暢性を測定することでしか可能ではない，ということです。

　読み書き検査がなぜ有効かという理由は，「見えない障害」を見えるようにするという点にあります。それは，視覚障害を視力で，聴覚障害を聴力でその困難さの程度を示すのと同じように，読み書きの困難さを数字で示すことができる，ということです。そうすることによって，努力不足ではないことを明確に示すことになります。そして，困難さの程度に応じた一人一人に合った支援を始めるスタートラインになります。

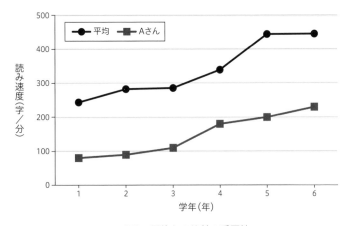

図3　平均との比較の重要性

表3　各読み書き検査が評価する項目

検査名	読み		書き	
	正確さ	流暢さ	正確さ	流暢さ
標準読み書きスクリーニング検査(STRAW-R)	○	○	○	
特異的発達障害診断治療のための実践ガイドライン	○	○		
小中学生の読み書きの理解(URAWSS Ⅱ)		○		○
「読めた」「わかった」「できた」読み書きアセスメント	○	○	○	

（2）読み書き検査

　読み書き検査には，「標準読み書きスクリーニング検査 (STRAW-R)」，「特異的発達障害診断治療のための実践ガイドライン」，「小中学生の読み書きの理解 (URAWSS Ⅱ)」，「「読めた」「わかった」「できた」読み書きアセスメント」などがあります。それぞれが評価する項目をまとめると，表3のようになります。

　表3をみてわかるように， 1 つの検査だけで，読み書きの正確さと流暢さの 4 項目すべてを評価できる検査はほとんどありません。複数の検査を組み合わせて使うことになります（これを「検査バッテリーを組む」といいます）。しかし，たくさんの検査を実施すればよい，というものではありません。検査は，検査を受ける子どもには負担です。特に，苦手な文字の読み書きの課題を実施するわけですから，できるだけ少ない検査で読み書きの困難を評価できるようにすべきでしょう。また，各検査には実施できる学年の制限があります。その適応年齢も考慮してバッテリーを組むことになります。

　検査結果として出てきた数字は，評価基準と比較してどのようなレベルなのかを示すことが必要です。評価基準には，平均から大幅に離れているとする値であるカットオフ値が通常使われます。カットオフ値は，z値 (z得点) かパーセンタイル値で示されます。

　z値 (z得点) は，検査結果が平均値から標準偏差いくつ分離れているかを示した値です。医学的には 2 標準偏差以上離れた場合 (z値が 2 以上) に，「大幅

に離れている」と解釈されます。正規分布しているデータの約2％に該当します。読み書き検査では，1.5というz値をカットオフ値（困難か困難ではないかを判断する値）にする検査が多いです。正規分布データの約6％に該当します。

パーセンタイル値は，データが正規分布していない場合のカットオフ値に使われます。全体を100として，下から数えて何番目になるのかを示した値です。50パーセンタイル値が中央値になります。5パーセンタイル値は，100人のうち下から数えて5番目という意味です。z値でのカットオフ値が2や1.5という数字に固定されているのに対して，パーセンタイル値でのカットオフ値は，検査の元になったデータによって異なります。例えば，東京都教育委員会のアセスメントでは，5パーセンタイル以下を「困難」と解釈していますが，URAWSS-English では10パーセンタイル以下を困難と解釈します。

なお，z値とパーセンタイル値の対応は，マイナス2 = 2パーセンタイル，マイナス1.5 = 6パーセンタイル，マイナス1 = 16パーセンタイル，プラス1 = 84パーセンタイル，プラス2 = 98パーセンタイル，となります（図4）。

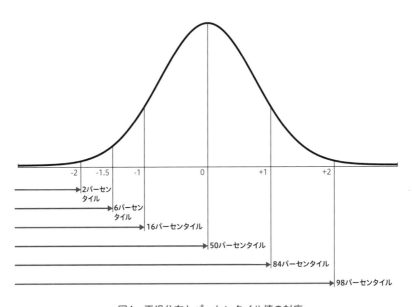

図4　正規分布とパーセンタイル値の対応

支援する

　読み書き困難への支援にはどんなやり方があるのか，実際の支援の仕方がわからないといった声をよく聞きます。その一例として「読み書き苦手な子どものスクール KIKUTA」における取り組みをご紹介したいと思います。

　「読み書き配慮」が提供している配慮事例のデータベースである「あるよ　ストーリーズ」を見ると，学校での配慮がかなった事例には共通して子どもたちに以下の「3 つの力」が備わっていることが見えてきます。

「3つの力」

❶ 学ぶ力　　❷ 求める力　　❸ 勇気

以下に，その「3 つの力」について詳しく紹介します。

（1）学ぶ力

　1 つ目の力は，困難に対して代替手段を使って学ぶ力です。

　例えば，読みに困難があるなら，誰かに代読を依頼する方法があります。機械による読み上げもいろいろ種類があります。その時の状況に応じて，配慮の内容や使うアプリを変えることも必要かもしれません。書きに困難があれば，ICT を使うだけでなく，人による代筆も有効な方法です。いずれにせよ，そのやり方で適切に「読む」「書く」を代替できる力が必要なのです。

　とはいえ，やはり ICT 支援は有用な手段です。ひとたび社会に出たならば，読み書きに ICT を使うことはもはや当たり前です。早いうちから ICT を使いこなして，学ぶ力を身につけておいて損はありません。成人になってから ICT を読み書きの補助代替支援ツールとして使っている，読み書き障害当事者である井上智さんは，自身の著書の中で，「ワープロやパソコンが，オレにきれいな文字

をくれた。携帯電話は，文章を書くことのサポートをしてくれた。スマートフォンは，調べる方法を与えてくれた。（中略）オレは，機械を使いこなして，「書ける」ようになった。パソコンも携帯も，オレが「書く」ためには「眼鏡のように必要」なんや」と書いています（井上・井上，2012）。

　ICTの技術は，本質の学びが失われたり，心が折れたりする前に身につけることができるようにしたいところです。例えば福本ほか（2017）では，書字障害があり，不登校状態が続いていた中学生にタブレットを導入したけれども，すでに学習のモチベーションを失ってしまっていて，ワープロなどの学習手段が入っても，それを学習に使おうとはしなかった事例が紹介されています。ICT活用は，あくまでも低次の読み書きを補うだけで，高次の読み書きを補助するわけではありません。高次の読み書きを支えるのは学習意欲という心です。早期からのICT支援の必要性を教えてくれる事例ではないでしょうか。

（2）求める力

　2つ目の力は，配慮を求める力です。
　自分に合った配慮を学校で求めていくために，子ども自身に「配慮を求める力」を育てていく必要があります。配慮を求めるまでには，次の3つのステップを踏んでいくことになります。

---

①意思の形成　　②意思の表明　　③建設的対話

---

①意思の形成

　まずは自分の困難に向き合い，同時に解決の方法があることを知ること，そして，自分にはこの解決が必要だと自分で思えるようになることです。これは自己決定の力です。人生は他の人のものではありません。親や先生に決めてもらうのではなく，自分で決めるということは重要な最初の一歩です。

②意思の表明

　次に，配慮の提供者に対して，配慮の希望を表明しなければなりません。学

校ではもしかすると，先生が気を利かせて転ばぬ先の杖を用意してくれるかもしれません。しかしひとたび社会に出れば，合理的配慮は本人の申し出がなければ先に進みません。現実的には，高校に上がる前に自分で配慮を願い出る力をつけておくことが肝要です。高校生という段階においては，配慮であっても他のことであっても，学校生活にそうそう保護者が口を挟めるものではないからです。

③建設的対話

　さらに，配慮の提供者との間で，自分で話し合いをしなければなりません。怒ったり拗ねたりせずに，真摯に穏やかに対話を継続する必要もあります。双方が納得できる落とし所を探っていく建設的対話の力を，子ども自身が身につける必要があります。

　それは，たとえコミュニケーションの苦手な特性を併せ持っていたとしても同じです。配慮を求める必要のある時には，最低限の必要なことは適切に伝えなければならないからです。

（3）勇気

　3つ目の力は勇気です。

　教室でひとり，みんなと違う学び方をする勇気は，生半可なものではありません。その勇気はどこから生まれてくるものなのか，実際に教室での配慮を経験してきた先輩にインタビューをしてまとめました。KIKUTAメソッドでは彼らの語りから抽出した5つの要素をプログラムに織り込んでいます。こちらは第5章で詳しく説明します。

　「KIKUTA」ではこれら3つの力を育てるために，言語活動を5つの要素に分け，全部で9回のセッションでICTを使いながら力を高めて行きます。詳しくは第3章と第4章で説明します。

第**2**章

ICTを活用して子どもの
「学ぶ力」をサポートする

 なぜICTを使うのか

ICTを読み書き困難な子どもに使う理由は以下の3つがあります。

（1）補助代替ツールとしてのICT活用

　障害への支援は，困難がある機能自体を伸ばすことを目的に，困難に直接介入するアプローチか，困難がある機能と近いか同じ機能を持つ道具や手段などを使って，困難を補うあるいは代替するアプローチが用いられます。読み書き困難がある子どもに対しても同様です。低次の読み書きの改善を目指す支援と，低次の読み書きを補助代替する支援があります。どちらを重視するかは年齢によるでしょう。小学校低学年では，ひらがな・カタカナの獲得は重要な課題になります。しかし，小学校中学年以降になると，高次の読み書きが学習の中心ですから，低次の読み書きへの支援ばかりしていると，高次の学習がどんどん遅れてしまうことになります。読み書きに困難があっても，知識を身につけてそれを使って考え，自分の考えを表現できるようになるという学習目標は同じです。学習に遅れないようにするための，低次の読み書きを補助代替する支援が必要になります。その支援にICTが使えます。

　かつて，ICTは高額で大きく手軽に使える道具ではありませんでした。しかしスマートフォン，タブレットPCなどのICTは，現在は身近にあり手軽に使える道具の一つです。その道具を，読み書き困難の補助代替支援に活用することができます。もちろん，スマートフォンやタブレットPCなどは，障害の補助代替を目的に作られてはいません。しかし，色々な機能や各種のアプリケー

ションを応用することで，低次の読み書きを補助代替することができます。その具体的な方法は，次節の「2 これだけできれば明日から学校で使えるiPad活用法」でお伝えします。

（2）合理的配慮としてのICT活用

　合理的配慮は，障害者の権利に関する条約（障害者権利条約）では，「『合理的配慮』とは，障害者が他の者との平等を基礎として全ての人権及び基本的自由を享有し，又は行使することを確保するための必要かつ適当な変更及び調整であって，特定の場合において必要とされるものであり，かつ，均衡を失した又は過度の負担を課さないものをいう」と説明されています。短くまとめると，障害のある人が障害のない人と平等に権利や事由を行使・享有するために行う変更・調整，ということでしょう。学校の場合であれば，障害のある子どもと障害のない子どもが平等に教育を受けるための変更・調整，となるでしょう。全盲で点字を使って学習している子どもがいれば，点字の教材が用意されることで，平等に教育を受けることができます。読み書き困難も同じです。読み速度が遅い（読みの流暢さに困難がある）子どもが試験を受ける場合，試験時間を延長する，あるいは，代読などで音声言語に変更すれば，読み書きの困難がない子どもたちと同じスタートラインに立って試験を受けることができるでしょう。ただし，その試験の結果については，本人の責任になります。例えば入学試験において，時間延長の合理的配慮を受けて受験したとします。しかし，当たり前のことですが，合格点以上の点数が取れなければ不合格です。合理的配慮は配慮を受ける子どもを有利にすることではないのです。

（3）自立のためのICT活用

　人に読んでもらって（代読，読み上げ）低次の読みを補助代替する方法はもちろん有効です。しかし，読んでもらう人に依頼し時間を合わせるなどの調整が必要になります。ICTによって音声読み上げをすれば，自分が読みたい本を読みたい時間に「読む」ことができます。しかしICTを，支援者から支援を受けな

がら使うのであれば，それは自立ではありません。ICTを自分一人で使えなければいけません。そしてICTを自分一人で使えるようになるためには，練習が必要です。

　読み書き困難がある子どもの支援にICTを使うことに抵抗感がある人や，ICTを使うことを「ずるい」という教室の同級生がいる場合があります。

　支援にICTを使うことを渋る大人は，低次の読み書きのレベルは，練習によっていつかは定型発達レベルになる，と誤解しているのかもしれません。しかし，低次の読み書きの正確さと流暢さは，改善はしても定型発達と同じレベルになるのは難しいことです。というのは，読み書きの困難は，怠けていたことが原因ではなく，脳機能に原因があるからです。読み書きに困難のある子どもは，読み書きに困難のある大人になります。大人になった時に，自分の読み書きの困難を補助代替する方法を知っていて，その方法を使って学習や仕事などができればいいのではないでしょうか。

　ICT使用に対して「ずるい」という同級生は，ICTが高次の読み書きをサポートしてくれる，と誤解しているのかもしれません。自分の低次の読み書きは自動化しているために，その存在を意識できず，読み書きが低次と高次に区別できるということがわかっていないのではないでしょうか。その場合は，低次の読み書きにICTを使ってもらえばいいでしょう。自分にとってはキーボード入力の方が手書きよりもスムーズではないし，上手な作文をアシストしてくれるわけでもないことを実感できるのはないでしょうか。

 ## これだけできれば
明日から学校で使えるiPad活用法

　低次の読み書きの困難を補助代替するために必要なICTの操作スキルは，各種入力方法，音声読み上げ，写真（撮影，編集，文字の記入等），紙のプリントへの対応（OCR，スキャン，写真撮影，タブレットPC上での文字の記入等）でしょう。直接的な読み書きの補助代替ではありませんが，書きたいことなどの記憶を外部に保存しておくと，書く時には文字化することだけにエネルギーを使うことができます。マインドマップアプリがそのために使えます。マインド

マップとは，考えていることを可視化するツールで，メイントピックを中心に置き，関連する複数のキーワードを中心から放射状に配置した図のことです。

（1）入力方法

パソコンやタブレットPC，スマートフォンなどで活用できる入力方法について，表4にまとめました（2023 年 5 月 31 日現在）。

キーボード入力は，定型発達の場合はローマ字入力が主流でしょう。しかし，読み書きに困難があって，その原因に音韻意識が関係している場合，ローマ字を覚えることに苦労することがあります。ローマ字を覚えてからキーボード入力しましょう，という方針では，書きの補助代替とはなりません。本人が今可能な入力方法にするべきでしょう。

OSによって違いはありますが，ローマ字入力以外の入力方法には，ひらがな 50 音入力，携帯電話配列（ケータイ配列）ひらがな入力（トグル入力・フリック入力），ひらがな入力（QWERTY 配列），手書き入力，音声入力があります。iPadの場合は，ローマ字入力，ひらがな 50 音入力，携帯電話配列ひらがな入力，ひらがな入力（QWERTY 配列），音声入力，手書き入力の 6 種類，Windowsタブレットでは，ローマ字入力，ひらがな 50 音入力，携帯電話配列ひらがな入力，ひらがな入力（QWERTY 配列），音声入力，手書き入力の 6 種類，Chromebookは，ローマ字入力，携帯電話配列ひらがな入力，ひらがな入力（QWERTY 配列），手書き入力，音声入力の 5 種類の選択肢があります。なお，ひらがな 50 音入力アプリもありますが，変換機能は搭載されていません。

Windowsタブレットは，「ディクテーション」という音声入力機能を備えていて，設定でその機能を表示させることで音声入力が可能です。Windows11では，画面キーボードで 50 音配列が利用できるようになりましたし，画面キーボード上に音声入力ボタンが表示されるようになりました。

キーボード入力では入力速度が重要です。同学年の書字速度と同等の入力速度になっていることが，合理的配慮としてキーボードを使う場合の根拠となります。入力速度を上げるためには，キーボードの文字を見ないで入力するタッチタイピングにする必要があります。キーボードの文字を見ながらの入力では，

表4　入力方法の種類

	iPad(iPhone)	Windows	Chromebook
ローマ字入力	○	○	○
ひらがな50音入力	○	○	△ (変換機能なし)
ひらがな入力(QWERTY配列)	○	○	○
ひらがな入力(携帯電話配列)	○	○	○
音声入力	○	○	○
手書き入力	○	○	○

文字を思い出しながら文字を書いている状態と同じになってしまい，入力速度は上がりません。また，タッチタイピングができるようになると，頭の中の音と指の運動が運動記憶として結びつきます。音韻意識に困難があって読み書き困難となっている場合，音から文字イメージの想起がスムーズではない状態です。しかし，タッチタイピングで文字入力している状態は，音から文字イメージを介さないで，音と指の運動が直接運動記憶として結びついているので，音韻意識に原因がある読み書き困難であっても，同学年と同等の書字速度を獲得できるという理屈です。

（2）音声読み上げ

　低次の読みに困難がある場合，文字を音声化することで，低次の読みに困難がない子どもと同様に高次の読みにアプローチすることが可能となります。もちろん，人に読んでもらう（代読，読み上げ）という方法もあります。しかし，「なぜICTを使うのか（第2章の第1節）」のところでも説明したように，自立という観点からは，ICTの方が有効です。また，人の代読では難しい男性の声か女性の声かという選択をICTでは簡単に選ぶことができます。読み速度を自分が一番聞きやすい速度にすることもできます。ただし，人工合成音声は漢字の読み方を誤ることがあるのと，イントネーションが不自然な部分があります。

　音声読み上げ機能（TTS：Text To Speech）は，もともとは視覚障害のある

人がパソコンを使うために，画面上の情報すべてを読み上げる機能（スクリーンリーダー）として開発されました。そこから，読み障害の子どもが使う機能（選択読み上げ機能）が分かれています。そのため，タブレット端末にも画面全体の情報を読み上げるスクリーンリーダー機能と，選択した部分を読み上げる選択読み上げ機能の両方が備わっています。操作はOSによって異なっているので，OSごとに練習する必要があります。

（3）写真

　低次の書くことに困難がある場合，写真に撮影する，という方法が使えます。書くことに困難がある場合の合理的配慮として，広く知られています。しかし，板書をカメラで写しましょう，と言うだけでは不十分です。板書をカメラで写してノートを作る時に注意することがいくつかあります。1つ目は，写す時にシャッター音が鳴らないようにすることです。授業中にシャッター音が鳴ることは，クラスの同級生にとっては，板書をカメラで撮っているとはわかっていても気になることです。無音カメラアプリがいくつかあります。2つ目は，板書の文字が読める，黒板が途中で切れていない，ぶれていない写真を撮る必要があります。そのためには，タブレットの構え方，片手を離さないで音量ボタンでシャッターを切る方法，板書以外の余計な情報を入れないフレーミング，撮った写真が不十分でないか毎回確認する習慣などが必要です。3つ目は，写真編集スキルを身につけることです。撮った写真の一部分だけを切り取ったり（例えば，算数・数学のグラフ），撮った写真を，通常のノートのように科目ごとにフォルダを作って整理したり，撮影した板書写真の大事なところに線を引いたり補助的な情報を書き込みしたりするスキルがないと，十分なノートにはなりません。

（4）紙のプリントへの対応

　紙のプリントを自分でICTに取り込み，読み上げをさせたり，答えを記入したりすることができると，低次の読み書きをICTで補助代替しながら，同級生

と同じスタートラインに立って試験等を受けることができます。試験であれば，ICTを使ってインターネットで答えを調べることが可能になりますので，インターネット接続を遮断する，予測変換機能をオフにするなど，高次の読み書きの補助となる機能を切っておくことも重要になります。

　読み上げをさせるためには，OCRアプリを使います。OCRは光学的文字認識のことで，印刷された文字や手書きで書かれた文字を認識してデジタル化する技術です。パソコンであればスキャナーで文字の読み込みをしますが，タブレットPCやスマートフォンのアプリでは，カメラを使って読み込みをします。無料のOCRアプリが多く出ています。

　プリントに答えなどを書き込む場合は，ICTにプリントを写真として取り込んだり，PDFとして取り込んだりしてから，文字の書き込みをします。書き込みは，手書きでもキーボード入力でもできます。写真への書き込みは，板書などを写真撮影してノートにした場合の書き込みと同じスキルになります。PDFの場合は各OSによって使用するソフト・アプリが異なります。

究極のコミュニケーション力「配慮を求める力」を育てる

① KIKUTA が考える言語活動の5つの力

　第1章の第4節で説明したように，読み書き困難の子どもたちに育てたい力の一つとして，配慮を求める力がありました。それは，自己理解ができて，配慮を求める意志を固め，その意志を表明し，相手との間で継続的に対話を続けていく力です。

　配慮を求める力は究極のコミュニケーション力であり，コミュニケーションが得意な大人にとってもなかなか難しいスキルです。ましてや，コミュニケーションに苦手さを抱えている子どもたちにとってはなおさらです。

　そこでKIKUTAでは，そのスキルを以下の5つの言語活動に分け，それぞれについてICTを使いながら身につけていくようにプログラムを組んでいます。

（1）言語化力
（2）自己理解力
（3）他者理解力
（4）対話力
（5）実践力

以下に詳しく解説しましょう。

（1）言語化力

　言語化力とは，思考を言葉にする力です。

　読み書き困難の子どもたちの中には，おそらくは，言葉と文字が結びつかない特性があるがゆえに，思考を言葉にすることが苦手な子どもも少なくありません。

　ICTを使って言葉を文字にすることで，まずは思考を言葉にしてみるという力を養います。

（2）自己理解力

　自己理解力とは，自分の特性を把握する力です。

　配慮を求めるためには，まずは自分の特性を知る必要があります。逆に，自分の強みを知らなければ，弱みをさらけ出すことはできません。KIKUTAでは，お互いに許しあえる環境の中で，弱みも強みも合わせて，自分というものを見つめていきます。

（3）他者理解力

　他者理解力とは，他者の立場を理解しようとする力です。

　配慮を求めて建設的対話をするとき，相手のことを理解しなければ建設的に対話を重ねて合理的に着地点を見出すことはできません。KIKUTAでは対話の相手を理解しようとする力も養っていきます。

（4）対話力

　対話力とは，配慮を求めて他者と対話していく力です。

　他者の立場にも配慮しながら，自分の求める着地点を提案し対話していく力です。KIKUTAでは仲間や先輩たちと対話を重ねながら，誠意や感謝を示しながら対話する力を養い，配慮を求めるプレゼン発表までを行っていきます。

(5) 実践力

　実践力とは，(1)〜(4) の力を自分の力で遂行していける力です。

　学校という現場で，日常的に，かつ継続的に配慮を求めていくのは紛れもない子ども自身です。(1)〜(4) までを自分の考えに基づいて，自分の力で遂行していけるだけの力をつけていきます。

　では，実際にどのようなプログラムなのかを，これから紹介していきます。

 ## KIKUTA プログラムについて

　KIKUTA プログラムは，ICT の技術と配慮要請の仕方を学ぶ全 9 回のプログラムです。

　1 年間に 3 クールを実施しています。月 3 回程度，日曜日に実施している，全 9 回のプログラムです。ここにその全容をご紹介したいと思います。

(1) プログラムの目標

　子どもたちに示す目標は次の 3 つです。

> 〈KIKUTA の目標〉
> ・ICT を学習の道具として使いこなす技を身につけること
> ・未来の自分はどうなりたいかを考えること
> ・配慮プレゼンを書いてみること

　まずは ICT のスキルを使うことで，読み書きの困難を克服できることを知ってもらいます。

　さらに，自分の未来はどうなりたいかについて，プログラムに参加しながら考え続けてもらいます。それにはまず，自分は何が得意で，どんな分野に興味

を持っているのか，自分の「好き」を見つめてもらいます。それをもとに未来には何に挑戦したくて，どういう形で社会に貢献したいのかを考えていくことになります。未来の自分を考えることは大人にとっても難しいことです。しかし，ぼんやりとでも未来を描けていなければ，配慮をしてもらってまで学び続けていくモチベーションを保つことは難しいのです。

その上で取り組む最終の目標が，配慮プレゼンを書いてみることになります。

この3つの目標に向かって，同じ困難のある子どもたち同士が共に学んでいく過程で，他の人とは違うやり方で学ぶ勇気を育てていきます。

現在，1クラスの定員は10名ほどです。1クラスに対し，4名のインストラクターと，大学生チューターを常時4〜5名，多い日には10名余り配置しています。チューターの中には読み書きに困難がある学生もいます。もちろん，指導する学生たちに，読み書き困難があるのかないのかの区別はつきません。子どもたちには，読み書きの困難があるなしに関わらず，自ら求めて学んでいる学生の背中を通して，自分の未来を思い描いてほしいと考えています。

（2）プログラムの概要

現時点（2022年12月現在）でのプログラムの詳細を以下にご紹介します。

プログラムは常に見直し精錬していますので，日々進化中です。この本が出版される頃には，さらに進化していると思いますがお許しください。読者の皆様には，これを一つの参考として，目の前のお子さまのニーズに沿った独自のプログラムを組んでいかれることを願っています。

各回の基本の構成は以下のような形で進みます。

［1］スタートアップ
［2］グループトーク
［3］あいうえお1分間チャレンジ
［4］ICT攻略
　・生き抜く秘訣
　・技術練習

[5] SHOW&TELL
　・聞いてるよサイン
[6] クロージング
　・達成感チェック
　・宿題確認
　・次回予告

以下に詳細を解説します。

［1］スタートアップ
　始まりの会です。その日のスケジュールを伝えます。

［2］グループトーク
　テーマを決めて，グループごとでおしゃべりをして交流します。読み書きができない仲間と集えるチャンスはそうめったにありません。仲間と共感し合うことで心が癒されることは，ピアサポートとしてよく知られていることでもあります。ここに集った仲間は，各学校に戻った後も，それぞれの学びを進めるために配慮を求めていく同志でもあります。
　グループトークでは，ルールを 3 つ設けます。

　① 聞いているよサイン（顔を見て聞く，良い姿勢で聞く，相槌を打つ，
　　他人の話の邪魔をしない）を示すこと
　② 否定しないこと
　③ メンバーが話し終わったら拍手すること

［3］あいうえお 1 分間チャレンジ
　「あいうえお 1 分間チャレンジ」は，6 回目以降のプログラムです。ローマ字入力は必須ではありませんが，知っておいて損はないので，練習を兼ねてゲームをします。50 音を「よーいどん！」で 1 分間に何文字打てるかやってみます。毎日取り組むことで，必ず入力は速くなっていきます。ゲーム性を持たせ，楽

しんでチャレンジする雰囲気を作ります。

［4］ICT攻略

「ICT攻略」では，ICTのスキルを身につけることで読み書きの困難を克服し，同時に学校や入試で自ら配慮申請して行くための対話のスキルも身につけていきます。

●生き抜く秘訣

3つの生き抜く秘訣を伝えます。それは，「誠意」と「感謝」，そして「ヘルプを出そう」です。

人は「誠意」と「感謝」を示してくれる相手を嫌いにはなりません。他者から慕われるようになれば協力も得やすくなり，結果的に強い自分になることができるでしょう。「誠意」と「感謝」は生き抜くための大事な秘訣です。3つ目の秘訣は「ヘルプを出すこと」です。助けを求めることに躊躇はいりません。人は誰しも助け合って生きているのですから，助けが必要な時には躊躇はいらないのです。その代わり，助けを求められたら自分にできる範囲で手を貸せば良いだけです。「助けを求める」という意味で「ヘルプを出そう」と伝えています。

●技術練習

各回の技術面の詳細は，第2章第2節を参照してください。

［5］SHOW & TELL

ここでのSHOW & TELLは自分について何かを見せながら発表する活動です。SHOW&TELLはもともと英語圏の学校でよく使われている活動ですが，KIKUTAでは第3章第1節に述べた言語活動の5つの力を発揮する機会としてこれを取り入れています。発表の機会を多く設け，人前で自分について話すことに慣れ，さらに自信を持ってもらうことが狙いです。

この活動の中で，「聞いてるよサイン」を提案します。ノンバーバル・コミュニケーションとして，聞いている人は，無意識な姿勢や目線が意図していないメッセージを相手に伝えることもあることを教えます。そして「聞いているよ」

というメッセージを，正しく相手に伝える姿勢（顔を見て聞く，良い姿勢で聞く，相槌を打つ，他人の話の邪魔をしない）を提案します。

［6］クロージング

　クロージングの段階で行うことは，「達成感チェック」と「宿題確認」，そして「次回予告」です。

●達成感チェック（図5，図6，図7）

　各項目の達成感を 0 から 3 の数値でチェックします。目標達成への評価を子どもとスタッフが共有するためです。

　子ども自身が達成感を記入した後，インストラクターやチューターが，各項目についての客観的な評価を伝えながら丸をつけていきます。子どもの自己評価は必要以上に低いこともあれば高いこともあります。大人はあくまでも実態に即した評価をすることを心がけます。自己の達成度を過小評価している場合は，客観的な評価として，適正な達成度を伝えます。逆に，大人が過大評価をすれば子どもたちの信頼を失うことがあることに留意します。

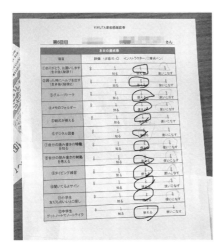

図5　達成感チェック・1　　　　　　図6　達成感チェック・2

●宿題確認

　全9回，全てのプログラムを通じて，宿題として自分の好きなことを考えていきます。自分の未来を考えるきっかけにしていくためです。

　毎回，教室に到着した時に宿題をやってきたか尋ねます。やっていないことも想定内にしておきます。宿題をやっていない場合の「しのぎ方」を身につけるのも生きる力です。やっていなければ，「今やってごらんよ」などと促し誠実に対応する方法を教えます。やってきていれば，その子自身の好きなことや興味・関心を話題にするきっかけにします。

●次回予告

　毎回最後には，次回の予告をして，見通しを持たせます。

　以上のような大枠で，KIKUTA プログラムは構成されています。

　それでは次章より，プログラムの詳細について紹介していきましょう。

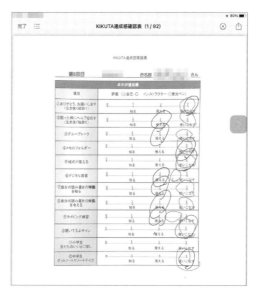

図7　達成感チェック・3

KIKUTAプログラムの実際

　それでは，ここからKIKUTAプログラムの内容について紹介したいと思います。全9回のプログラムは，以下のような構成になっています。

　　【第1回】　「言葉を文字に」

　　【第2回】　「ノートを取るには」

　　【第3回】　「メモを使って考える」

　　【第4回】　「説明のチカラ」

　　【第5回】　「伝えるチカラ」

　　【第6回】　「読み書きのしのぎ方」

　　【第7回】　「未来探し」

　　【第8回】　「プレゼンを作る」

　　【第9回】　「プレゼン発表会」

以下に，各9回のプログラムを詳述していきます。

（1）入講式

（2）親子セミナー『なぜICTを使うのか』

（3）ICT攻略

　①iPadをWi-fiにつなげる

　②iPadで書く（5種類の入力方法を試す／音声入力・ひらがな入力・フリック入力・ローマ字入力・手書き入力）

　　・日記アプリを使って音声入力を体験する

　　・キーボードに入力方法を追加する

　　・キーボードでその他の4つの入力方法を試してみる
　　　ひらがな入力／フリック入力／ローマ字入力／手書き入力

　③iPadで読む

　　・全画面読み上げ

　　・読み上げコントローラーによる指定箇所の読み上げ

　　・範囲指定の読み上げ

（4）クロージング（達成感チェック・宿題確認・次回予告）

詳細

（1）入講式

　最初に，塾長から歓迎の言葉を伝えます。ここには読み書きに困難を抱える仲間が集っていること，「読み書きの代替の手段を獲得する」「その手段を用いるために配慮プレゼンを作る」という目標に向かってスタッフが子どもたちを全力で応援することを，子どもたちに丁寧に説明します。

　続いて，子どもたちに見通しを持たせるために，KIKUTAの目的を共有し，全9回のプログラムのスケジュールを紹介します。

　そして，スタッフが自己紹介をします。スタッフの自己紹介の際に，読み書きが苦手なスタッフ（チューターも含む）がいることも話します。

（2）親子セミナー『なぜICTを使うのか』

　なぜKIKUTAでは子どもたちにICT支援を勧めるのか，その背景理論を理解してもらうために，読み書き困難のメカニズムと，ICTの有用性について，KIKUTAを監修している河野俊寛氏より解説をしてもらいます。講演の内容については，第2章の第1節を参照してください。

（3）ICT攻略

　技術練習のセクションです。第1回ではタブレットの基本の設定をします。特に，初回は低次の読み書きに機器を使うことの心地よさを子どもたちに体験してもらうために，音声入力や音声読み上げに重点を置いてタブレットを使う経験をしてもらいます。
　具体的な活動は以下のとおりです。

①iPadをWi-fiにつなげる
　読み上げ機能や音声入力を使うには，iPadをWi-fiにつなげる必要があります。iPadをWi-fiにつなぐ前に，注意事項を伝えます。iPadは学びの道具として使うことを徹底し，インターネットの危険性を各自意識させるためです。ちなみにKIKUTAでは子ども用の制限などは解除してもらいます。制限があるとメールやインターネットなど自由に使うことができないからです。その代わり，自らの力で危険を避け，また自律していく力を育てます。
　こうした注意は機会あるごとに繰り返し伝えていきます。同時に失敗は誰にでもあり得ること，その場合にはすぐに大人に相談することも伝えます。保護者にもこのことを伝え，家庭とKIKUTAの双方でその力を育てていくようにします。
　ここで伝える注意事項は以下の3点です。

●学びに使う道具であるiPadではゲームをしたり動画を見たりしないこと……
　合理的配慮を求めるにあたっては，ゲームをしたり動画を見たりしているよ

うでは周囲の理解を得ることは難しくなります。
- ●課金をしないこと……勝手に課金をすることは，親御さんのお財布から勝手にお金を盗むことと同じことです。
- ●知らない人とメールやSNSでつながったりしないこと……見知らぬ人とメールやSNSでつながると思わぬトラブルに巻き込まれる危険があります。

　注意事項を伝えたら，SSIDとパスワードを入力して各自Wi-fiにつなげてみます。

②iPadで書く
　5種類の入力方法（音声入力・ひらがな入力・フリック入力・ローマ字入力・手書き入力）を試してみます。順序としては以下の通りです。
- ・まず日記アプリを使って，音声入力を体験します。
- ・次に，他の入力方法を試すためにキーボードに入力方法を追加します。
- ・キーボードでその他の4つの入力方法（ひらがな入力，フリック入力，ローマ字入力，手書き入力）を試してみます。

③iPadで読む
　続けて，iPadを使って文章を読むことを体験します。以下の順序で進めます。
- ・読み上げコントローラーの設定をします。
- ・全画面読み上げを試してみます。
- ・読み上げコントローラーによる指定箇所の読み上げを試してみます。
- ・範囲指定の読み上げを試してみます。

（4）クロージング

　クロージングでは，最初に達成感チェックを行います。実態に即した正しい達成度を，本人とスタッフの間で確認します。
　次に宿題の提示です。第1回の宿題は，「日記アプリに音声入力で『好きな○○』について書いてくる」です。この宿題の目的は2つあります。1つ目は音声

入力に慣れることです。そして2つ目は自分の「好き」に着目して未来の自分を描くきっかけを作ることです。

　最後に次週（第2回）の予告をして，終了となります。

第2回 「ノートを取るには」

- （1）スタートアップ
- （2）グループトーク
- （3）ICT攻略
  - ・生き抜く秘訣
  - ・技術練習：メモでノートを取ってみる
- （4）TRPGで仲間と冒険！
- （5）クロージング（達成感チェック・宿題確認・次回予告）

詳細

（1）スタートアップ

その日のスケジュールを伝え，全員で確認をします。

（2）グループトーク

テーマを決めて，前述した「3つのルール」を守りながら，グループごとでおしゃべりをして交流します。

（3）ICT攻略

生き抜く秘訣の確認（誠意・感謝・ヘルプを出そう）を行った後で，新しい技術の練習に入ります。

この回では「メモでノートを取ってみる」という実践をします。

教室でノートテイクにiPadを使うことを想定してメモアプリを使います。ノートは整理して保存していくことがポイントの一つです。そのためにフォルダと日付で管理することを学びます（図8）。

　他にも，必要なことを音声入力や他の入力方法で書き込むこと，写真も撮ってメモアプリで作ったノートに入れることを学びます。これ以降の授業の中でも「重要ポイントは写真にとってメモアプリに保存しておくように」と，そのつど促し，習慣化を目指します。

図8　メモをフォルダと日付で管理

（4）TRPGで仲間と冒険!

　仲間感を感じてもらうために，この回では，TRPG（テーブルトーク・ロールプレイングゲーム）をします[※注]。TRPGは同じテーブルを囲んで，一人一人が架空の物語のキャラクターになりきって，力を合わせて冒険をするという会話型のゲームです。キャラクターを決める要素や冒険のお話の展開にサイコロを使うので，偶然性も手伝って面白い話ができあがっていきます。KIKUTAでは，金子総合研究所の加藤浩平氏をゲームマスターに招いて開催しています。TRPGを通して「助け」たり「助けられ」たり，仲間の面白いアイディアに感心したりすることで，自然に他者をリスペクトする気持ちが芽生え，仲間感が育まれていきます（図9）。

図9　TRPGの様子

（5）クロージング（達成感チェック・宿題確認・次回予告）

　達成感チェックでは，自分の達成度を正しく理解するために，本人とスタッフで対話しながら達成度の確認をします。

　第2回の宿題は「日記アプリに，音声入力で，やってみたいことや興味あること，これまでによかった習い事を書く」です。第1回目と同じく，この宿題の目的は2つあります。1つ目は音声入力に慣れること。もう1つは未来を描くために自分の「好き」を考えることです。

　最後に，第3回の予告をして，終了となります。

※注：活動の中で実施しているTRPGは，多人数対応のTRPGを採用しています。多人数対応のTRPGについての詳細は，以下のサイトをご参照ください。
「みんなでダンジョンＲＰＧ」紹介サイト（遊学芸）：
https://linedline.wixsite.com/yuugakugei/minnadedungeon

第3回 「メモを使って考える」

（1）スタートアップ
（2）グループトーク
（3）ICT 攻略
　・生き抜く秘訣
　・技術練習
　①マインドマップアプリの作成
　②メールを使えるようにする
　③インターネット検索
　　・文字検索
　　・画像検索
　　・QR コード検索
　　・情報リテラシー
（4）SHOW & TELL
　・マインドマップを使って自己紹介
（5）クロージング（達成感チェック・宿題確認・次回予告）

詳細

（1）スタートアップ，（2）グループトーク

前回と同じ形で進めます。

（3）ICT 攻略

　前回伝えた，生き抜く秘訣（誠意・感謝・ヘルプを出そう）を再度確認した上で，新たな技術の練習を行います。

①マインドマップアプリの作成

　思考整理のためにマインドマップアプリの使い方を覚えます。なお，KIKUTAのプログラムでは「シンプルマインド（SimpleMind）」というマインドマップアプリを使っています。また自己紹介のためのメモも作成します（図10）。

②メールを使えるようにする

　メールの使い方やメールの返信の仕方を学びます。宿題などを提出するときにメールを使えるようにするためです。「当日は，作成したマインドマップのスクショ（スクリーンショット）を送ってください」というメールを前もって送っておきます。子どもたちには，メール返信の形で，自身のマインドマップのスクリーンショット画像を添付して送ってもらいます。

　さらに，メールの定型文を以下のように教えます。定型文には，誠意と感謝を示す魔法の言葉も入れるようにします。

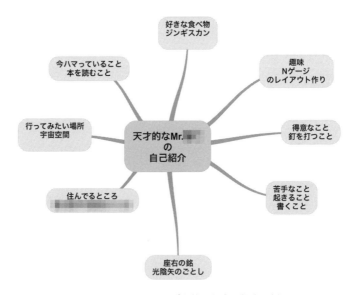

図10　マインドマップを使った自己紹介の例

［メール定型文］**********************************
〇〇先生

▲▲▲▲（自分の名前）です。
いつもありがとうございます（魔法の言葉／感謝）
課題を送ります。（このメールの目的）
よろしくお願いします。（魔法の言葉／誠意）

▲▲▲▲ ▲▲▲▲（フルネームで）
****

③インターネット検索

　学習のために各種検索の技を学びます。具体的には「文字検索」「画像検索」「QRコード検索」などです。また「情報モラル」として，Webの世界でも実社会でもモラルは同じであることを学びます。一部は1回目の注意事項と同じです。繰り返すことで徹底していきます。
　具体的には，以下の内容です。

● 情報を鵜呑みにしないこと……書かれていることは誰かが悪意を持って書いた嘘であるかもしれません。なんでも鵜呑みにしないで，情報の真偽を見定めることが大切です。
● 他人を傷つける行為をしないこと……悪口を言ったり，見られたくない写真を無断で開示したりすることは他者を傷つけてしまうので，してはいけないことです。
● 課金をしないこと……勝手に課金をすることは，親御さんのお財布から勝手にお金を盗むことと同じことです。
● 困った時には大人に助けを求めること……困ったことが勃発することはあるかもしれません。すぐに大人に相談しましょう。

（4）SHOW & TELL

作成したマインドマップを使って，参加者の前で自己紹介を行います（図11）。

（5）クロージング

最後に達成感チェック・宿題・次回予告を行います。

第3回の宿題は「好きな入力方法で，挑戦してみたいことを入力してくる」です。この宿題の目的は2つです。1つ目はさまざまな入力方法を試してみること。そして2つ目はこれまでの宿題と同じく未来を描くために自分の「好き」に着目することです。次回（第4回）に実施する，マインドマップ「未来の自分」を考えるヒントにもなっていきます。

最後に次回（第4回）の予告をして，終了となります。

図11　SHOW & TELLで自己紹介

第4回 「説明のチカラ」

（1）スタートアップ
（2）グループトーク
（3）ICT 攻略
　・生き抜く秘訣
　・技術練習
　　①写真編集
　　②マインドマップ「未来の自分」
　　③新規メールの送信
（4）SHOW & TELL
　・「未来の自分」の発表
（5）タイピング練習
（6）クロージング（達成感チェック・宿題確認・次回予告）

詳細

（1）スタートアップ，（2）グループトーク

ここまでの回と同じ形で進めます。

（3）ICT 攻略

　最初に生き抜く秘訣の確認（誠意・感謝・ヘルプを出そう）を再度確認した上で，新たな技術の練習を行います。

①写真編集

　プリント穴埋めなど，配布物への書き込みのために写真の編集の仕方を学びます（図 12）。加工したプリントはメモアプリに残していきます。そうするこ

とで，プリント紛失の心配もなくなります。

図12　プリントを写真に撮って答えを記入

②マインドマップ「未来の自分」

　自分の未来を描いてみるにあたって，「タイムマシンに乗って，未来に行く」という想定で考えてみます。未来の自分を見て観察し，その場でマインドマップに記録します（図13，図14）。未来から現代に帰ってきて，記録のマインドマップをスクリーンショット画像にします。この課題の目的は，成果物を作ることではなく，考えてみるということです。その目的と共に，大人にとっても難しい課題であることをあらかじめ伝えておきます。

③新規メールの送信

　マインドマップで作成した「未来の自分」をSHOW & TELLの時間に発表するので，スクリーンショット画像をインストラクターに送ります。提出物をメールで提出するのに慣れることも目的の一つです。

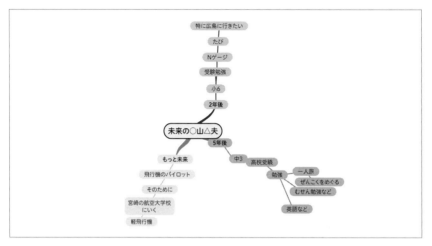

図13　マインドマップで作成した「自分の未来」の例1

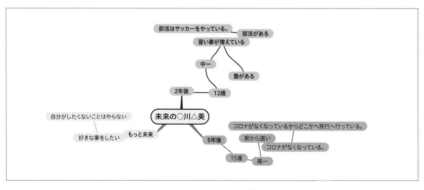

図14　マインドマップで作成した「自分の未来」の例2

（4）SHOW & TELL

　この回のSHOW & TELLでは，「未来の自分」の発表をします。ここでの目的は，自分のことを発表することに慣れることです（図15）。同時にこれまで学んできた「聞いているよサイン」（顔を見て聞く，良い姿勢で聞く，相槌を打つ，他人の話の邪魔をしない）の確認もします。

図15　SHOW & TELLで「自分の未来」を発表

（5）タイピング練習

●ホームポジションの基礎知識

　ローマ字入力のホームポジションの習得は必ずしも必須ではありません。しかしながら知っておいて損はないので一度やっておきます。ポイントは位置を覚えるということにあります。なお，ローマ字が読めるかどうかは問題ではありません。

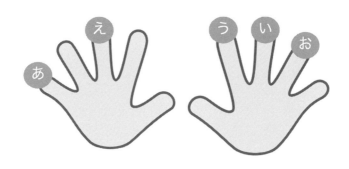

図16　エアタイピングでの「あいうえお」

　まずは「あいうえお」の位置を動作記憶で覚えるために，キーボードを使用しないで，あたかもそこにキーボードがあるかのように，手を動かしタイピングする，エアタイピングをします（図 16）。

　エアタイピングで「あいうえお」の位置を覚えたら，キーボードで正確に打てるように練習して行きます。具体的には，「あ (a)，い (i)，う (u)，え (e)，お (o)」の前に「k」をつけて「かきくけこ」，「s」をつけて「さしすせそ」……という具合に進めていきます。

　なお，タイピングを覚えるにあたっては，文字を見ながらタイプすると，低次の読み（視覚処理と音韻処理）の問題が生じるということに注意が必要です（第 1 章の第 2 節を参照）。

（6）クロージング

　最後に，「達成感チェック」「宿題」「次回予告」を行ないます。

　この回の宿題は，「行ってみたい場所と理由を 3 つ考えてくる」です。行ってみたい場所も自分の未来を考える一環です。なお次回（第 5 回）は，この宿題の内容を使って「河野式 1-3-1」（後述します）の手法で，発表ツールや作文を書いていきます。

第5回 「伝えるチカラ」

（1）スタートアップ
（2）グループトーク
（3）あいうえお1分間チャレンジ
（4）ICT攻略
　　・生き抜く秘訣
　　・技術練習
　　　①「河野式1 - 3 - 1」を知る
　　　②「河野式1 - 3 - 1」で発表ツールを作る
　　　③「河野式1 - 3 - 1」で作文を書く
（5）SHOW & TELL：発表ツールを使って発表
　　・聞いてるよサインの確認
（6）小・中学生それぞれのプログラム
　　・小学生：忘れた時のしのぎ方
　　・中学生：コーネル式ノートの取り方
（7）クロージング（達成感チェック・宿題確認・次回予告）

詳細

（1）スタートアップ，（2）グループトーク

ここまでの回と同じ形で進めます。

（3）あいうえお1分間チャレンジ

「あいうえお1分間チャレンジ」は，5回目以降のプログラムとなります。第3章の第2節で紹介した通り，50音を1分間に何文字打てるかをチャレンジする，タイピングの練習を兼ねてのゲームです。毎回取り組むことで，入力は速くなっていきますし，ゲーム性を持たせ，みんなで楽しんでチャレンジする雰

囲気を作ることができます。

（4）ICT 攻略

　生き抜く秘訣の確認の後，技術練習を行います。

①「河野式 1 - 3 - 1」を知る

　KIKUTA で「河野式 1-3-1」と呼んでいるのは，アメリカの小学校などで作文を書くときの定型として使われている「ファイブ・パラグラフ・エッセイ」のことです。監修者の河野氏からスタッフが教わったプログラムなので，こう名付けています。

　「河野式 1-3-1」は以下のようになっています。

　第 1 段落で結論を書き，第 2 段落から第 4 段落で結論にいたった理由を 3 つ書き，最後の第 5 段落で結論を繰り返す，という構造です（図 17）。

　KIKUTA では，最初にマインドマップを使って内容を考えます。

②「河野式 1 - 3 - 1」で発表ツールを作る

　「河野式 1-3-1」について学んだら，次に，マインドマップをもとに発表ツールを使って発表スライドを作ります。タイトル，結論（行ってみたい場所），理

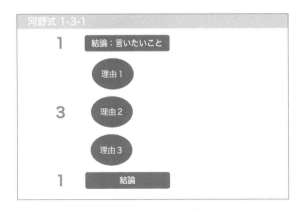

図17　河野式1-3-1の構成

由（3枚），結論で，合計6枚のスライドを作ります。このスライドを使ってこの後のSHOW&TELLで発表します。

③「河野式1-3-1」で作文を書く

　マインドマップをもとにして，「縦式」という縦書き原稿用紙アプリを使って作文を書きます。

　マインドマップと縦式を同じ画面に開いて，マインドマップを見ながら音声入力で作文を書いていくことを勧めます。ただし，考えが言葉になりにくいお子さんの場合には，このやり方は向かない場合もあるので注意します。

（4）SHOW & TELL（発表ツールを使って発表）

　これまでと同様に，聞いているよサイン（顔を見て聞く，良い姿勢で聞く，相槌を打つ，他人の話の邪魔をしない）を確認します。この回では，作成した発表ツールを使って発表します（図18）。

（5）小学生・中学生それぞれのプログラム

　ここでは，小学生と中学生で，それぞれ別のプログラムを実施します。

図18　発表ツールを使って発表

①小学生用プログラム「忘れた時のしのぎ方」

　物を忘れたり時間を忘れたりした時に，他者に助けてもらったり，機械を使ったりするしのぎ方を一緒に考えていきます。

　例えば，「ハンカチを忘れた時のしのぎ方は？」と問いを出し，「手を振って乾かす」「洋服で拭く」など，一般的には否定されそうなやり方でも歓迎して，しのぎ方のアイディアをたくさん出させます。「失敗しないこと」ではなく「立ち直ること」を学ぶことが目的です。

②中学生用プログラム「コーネル式ノートの取り方」

　中学校ではノート提出が評価の対象になることも多いので，その対策としてコーネル式ノートの取り方を学びます。コーネル式ノートとは，ノートの1ページを，それぞれ3つの領域に分け，情報を整理しながらノートを取っていく方法です（図19）。

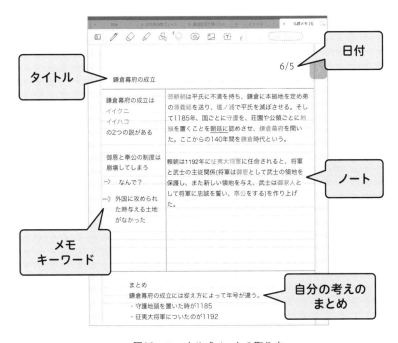

図19　コーネル式ノートの取り方

（6）クロージング

　達成感チェックの後に宿題を出します。今回の宿題は「日記アプリを使って日記を書く」です。目的は心に浮かんだことを言葉にすることに慣れることです。子どもたちの中には，言葉と文字がつながらないことから，考えることをやめてしまっている子どももいます。そんな子どもたちにも考える習慣を取り戻してもらいたいとの想いから，「チューターのお兄さん・お姉さんたちに聞いてもらいたいことを書いてきて」と投げかけます。

　また，次回の「SHOW & TELL」に出てくれる人を募集します。希望者がたくさん出るように，事前に個別に声をかけておくと良いでしょう。

　最後に次週予告をして，終了します。

第6回 「読み書きのしのぎ方」

（1）スタートアップ
（2）グループトーク
（3）あいうえお1分間チャレンジ
（4）ICT攻略
　・生き抜く秘訣
　・技術練習
　　①OCRアプリ（撮るだけ文字認識）
　　②デジタル図書
　　③読み書きのしのぎ方
（5）SHOW & TELL
（6）小学生・中学生それぞれのプログラム
　・小学生：好きと得意（自己理解チェック）
　・中学生：コーネル式ノートの取り方
（7）クロージング（達成感チェック・宿題確認・次回予告）

詳細

（1）スタートアップ，（2）グループトーク，（3）あいうえお1分間チャレンジ

前回と同じ形で進めます。

（4）ICT攻略

生き抜く秘訣の確認をした後に，技術練習に移ります。

①OCRアプリ（撮るだけ文字認識）

OCR（光学的文字認識）アプリを使用して，紙上の文字を，カメラを使って

デジタルテキスト化することによって，読み上げ機能に使ったり，文章をコピー＆ペーストしたりすることができることを学びます。

②デジタル図書

肉声での読み上げや，人工合成音声での読み上げなど，さまざまな種類のデジタル図書を実際に聞いてみます。

③読み書きのしのぎ方

この回までに習得した技術をもとに，自分にはどの方法が使えるかを考えます。次に，読み書きに困難がある大学生チューターたちに，それぞれの困難の内容や配慮の経験を発表してもらいます。その中では，ICTを使った配慮だけでなく，例えば「ひらがな解答」や「代筆」「代読」などの事例も紹介します。最後に，子どもたちがチューターやスタッフと相談しながら，自分に合った「読み書きのしのぎ方」を考えます。

（5）SHOW & TELL

SHOW & TELLを行う際には，前述した「聞いているよサイン」（顔を見て聞く，良い姿勢で聞く，相槌を打つ，他人の話の邪魔をしない）を必ず確認しましょう。また希望者のほかにチューターなども入り混じってSHOW & TELLを行うと盛り上がります。人前で発表することに慣れるためにも，多くの子どもたちが自発的に発表したくなる雰囲気を作っておくことを大事にしています。

仲間同士でも，チューターの学生とでも，他者の世界観を共有する経験は子どもたちにとって大きな刺激になります。

（6）小学生・中学生それぞれのプログラム

この回でも，小学生と中学生は別のプログラムを実施します。

①小学生用プログラム「好きと得意（自己理解チェック）」

　「好き」と「得意」をグラフに貼っていきます。図20の写真のように，縦軸を「好き」，横軸を「得意」とする座標に，「かけっこ」や「絵を描く」などの項目ごとに，自分の位置に付箋を貼っていきます。例えば「『かけっこ』はあんまり好きじゃないけど，得意だから，この辺りかな……」という感じに，「好き」と「得意」は必ずしも一致しないことを，視覚的に示します。自己認知のために，俯瞰的に自分を観察してみることが目的です。

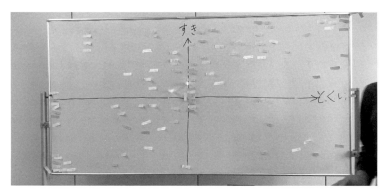

図20　「好き」と「得意」のグラフ

②中学生用プログラム「コーネル式ノートの取り方」

　前回に引き続き，コーネル式ノートの取り方を練習します。

（7）クロージング

　達成感チェック，宿題の確認，次回予告をします。

　今回の宿題は「日記アプリを使って日記を書く」です。目的は前回と同じく，考えを言葉にする習慣を身につけることです。前回と同じく「チューターのお兄さん・お姉さんたちに聞いてもらいたいことを書いてきて」と投げかけます。また次の回で作成する「iMovie」の素材にするために，写真や動画を撮って来るようにも伝えます。

　また，前回に引き続き，「SHOW&TELL」をやりたい人を募集します。

第7回 「未来探し」

- （1）スタートアップ
- （2）グループトーク
- （3）あいうえお1分間チャレンジ
- （4）ICT攻略
  - ・生き抜く秘訣
  - ・技術練習
    - ①配慮プレゼン・シミュレーション
    - ②動画編集アプリ（iMovie）を使ってみる
- （5）SHOW & TELL
- （6）クロージング（達成感チェック・宿題確認・次回予告）

詳細

（1）スタートアップ，（2）グループトーク，（3）あいうえお1分間チャレンジ

これまでと同様に実施します。

（4）ICT攻略

　生き抜く秘訣の確認（誠意・感謝・ヘルプを出そう）をした後，技術練習に移ります。

①配慮プレゼン・シミュレーション

　学校で「iPadを使わせてください」というプレゼンテーションをすると仮定して，プレゼンテーション資料を作る練習をします。このプレゼンテーションは単なる発表ではなく，相手に協力してもらうのが目的であると伝えます。

54

プレゼンテーションを作成するにあたっては定型があります。定型は河野式の進化形で「河野式 1-3-1 +（プラス）」です。

　「河野式 1-3-1 +（プラス）」では，プレゼンテーションの最初に，結論（誰に，どんな困難について，どんな協力をしてもらうのか）を明確にします（図21）。

　次に，その理由について3つ示します。3つの理由には，「読み書き検査の結果など配慮を申請する根拠」，「配慮がない今の状態のデメリット」，そして「配慮があった場合の自分のメリットと相手のメリット」を示します（図22）。

　最後に結論 +（プラス）です。ここでは具体的な最初の一歩の提案をします。たとえば「（ICTの使用を）作文の宿題から始めてみたいです」などです（図23）。

図21　結論　テーマを明確に

図22　3つの理由　説得力のある理由

3. 具体的な提案

図23　結論⁺（プラス）具体的な提案

② 動画編集アプリ（iMovie）を使ってみる

　また，この回では動画編集アプリ（iMovie）の使い方も学びます。伝えたいことを動画や音楽を交えながら効果的に伝える手段もあることを学びます。

(5) SHOW & TELL

　これまでと同様，希望者に発表をしてもらいます。その際に，聞いているよサイン（顔を見て聞く，良い姿勢で聞く，相槌を打つ，他人の話の邪魔をしない）の確認も忘れないようにしましょう。

(6) クロージング

　これまで通り「達成感チェック」「宿題の確認」「次週の予告」を行います。
　今回の宿題は「日記アプリを使って日記を書く」のと，「動画編集アプリで作品を作ってくる」です。動画は 2 分以内の作品を 1 つ作ってもらいます。そして次回の SHOW & TELL で発表してもらうことを伝えておきます。

第 8 回　「プレゼンを作る」

（1）スタートアップ
（2）グループトーク
（3）あいうえお 1 分間チャレンジ
（4）ICT 攻略
　　・生き抜く力
　　・技術練習（プレゼンの準備）
（5）SHOW & TELL
　　・動画作品の発表
（6）クロージング（達成感チェック・宿題確認・次回予告）

詳細

（1）スタートアップ，（2）グループトーク，（3）あいうえお 1 分間チャレンジ

これまで通り行います。

（4）ICT 攻略

　生き抜く秘訣の確認の後，技術練習に移ります。

　この回での技術練習はいよいよプレゼンテーション（プレゼン）の準備になります。いつか必要になる時に備えて，自分に必要な配慮についてのプレゼンを書いてみます。プレゼンは，河野式 1-3-1 +（プラス）の手法を用いて，発表ツールを使って書きます。時間内に完成したところまでのアウトラインを，スクリーンショット画像で提出します。

（5）SHOW & TELL

今回の「SHOW & TELL」では，動画作品の発表を順番にしてもらいます。

（6）クロージング

「達成感チェック」「宿題の確認」「次週予告」を行ないます。今回の宿題は「日記アプリを使って日記を書く」と「プレゼンをブラッシュアップしてくる」です。

第**9**回 「プレゼン発表会」

（1）スタートアップ
（2）ICT攻略
　　・生き抜く秘訣
　　・技術練習
　　　①ICT技術の振り返り
　　　②プレゼンのチェック
　　　③プレゼン発表会
（3）修了式
　　・修了証書授与
　　・塾長から贈ることば
　　・スタッフから贈ることば
　　・達成感チェック
　　・写真撮影

詳細

（1）スタートアップ

　今回でKIKUTAのプログラムは最終回となります。「グループトーク」や「あいうえお1分間チャレンジ」は行わず，簡単にスタートアップを済ませて，次の内容に移ります。

（2）ICT攻略

生き抜く秘訣の確認の後，最後の技術練習を実施します。

①ICT技術の振り返り

　これまでに習得してきた技術を振り返ります。振り返ることで，達成感を強

化することも目的です。

②プレゼンのチェック

　作成してきたプレゼンの資料をさらにブラッシュアップします。8回目で回収したスクリーンショット画像をもとに，足りない部分の追加を促し，より説得力のあるプレゼンに仕上げていきます。

③プレゼン発表会

　いよいよ作成したプレゼンの発表会です。発表会には保護者にも参観してもらいます。

　最初に，この発表会は，最終形ではなく，いずれ配慮プレゼンをしなければならないときのために，仲間内で行う練習会であることを伝えます。

　1人ずつ前に出て発表をします。まず，司会者（スタッフ）から「誰に，何をお願いするプレゼンですか？」と子ども（発表者）に尋ねます。子どもの答えを受けて司会者は，「○○君から，△△先生に，◇◇をお願いするプレゼンです。ではどうぞ」と誘導します。

　発表後に，塾長と監修者による講評を行います。講評では，「○○がとてもよかった」「もう少しここをこうすればもっと良くなる」「学校の先生としてはこの発表を聞いてこう思う」など，改善点もポジティブに伝えています。

　発表が終わったら，観客は拍手で発表者を讃えます。

（3）修了式

　修了式は，修了証書の授与，子どもたちからKIKUTAへ一言，後輩たちにエールを，と進行します。自分を振り返って言葉にして表出することで，子どもたちに自らの成長を感じてほしいと考えています。

　そして塾長から子どもたちへの贈ることば，スタッフからの贈ることば，最後の達成感チェック，そして参加者とスタッフ，保護者の皆さんと写真撮影をして，プログラムの終了となります。

発表会と修了式は子どもたちの成長をお互いに感じ合う感動的な時間です。子どもの中には時に大粒の涙を目に溜めて「チューターになってここ（KIKUTA）に帰って来る！」と話す子どももいます。先輩や仲間にもらった勇気を次の人にもつなげたい，他者に貢献したいと思えるまでに成長した子どもたちの言葉に，大人たちは思わず涙が溢れるのです。

第 **5** 章

配慮を求める「勇気」を培う
──先輩たちの声から学んだこと

　自分だけみんなと違う学び方をするということは，生半可な勇気ではありません。その勇気をどうやって育てていけば良いのでしょうか。読み書き困難の配慮を実際に求めてきた先輩たちに，その勇気の源になったものは何かインタビューしてみました。

　本章では，それらのインタビューを基にまとめた，配慮を求める「勇気」を培うための「5つの要素」について紹介したいと思います。

 ## 権利についての教育

　先輩たちは，学びについて配慮を求めることが正当な権利であることを知ることは，勇気を培う上で大きなポイントであると話します。

　まず，前提として私たち国民にはすべからく学ぶ自由と教育を受ける権利があります。

　日本国憲法では，次のように第 23 条において，学ぶ権利を保障し，第 26 条では教育を受ける権利を保障しています。

第 23 条：学問の自由はこれを保証する。
第 26 条：全て国民は，法律の定めるところにより，その能力に応じて，等しく教育を受ける権利を有する。

　そして障害のある子どもが十分に教育を受けるために，合理的配慮や基礎的環境整備を求めることは，障害者差別解消法（正式法律名を「障害を理由とする差別の解消の推進に関する法律」といいます）で保障されています。

読み書き困難のように，障害に基づいて学ぶ上で困難がある時には，本人の求めに応じて，過度の負担のない限り合理的配慮の提供をすることは，法律によっても保障された権利なのです。合理的配慮の提供は，最初は移行措置として民間機関では努力義務でしたが，2021 年の法改正により，公的機関でも民間機関でも法的義務となりました (2024 年 4 月 1 日施行)。

　教育現場において，その権利の正当性を教えるにあたっては，ただ単に標語のように示すだけではなく，ぜひ行動で示してほしいと思います。

　私（菊田）の息子が合理的配慮を求めた時に，担任の先生は，他にも困難を抱える人は，正当な手続きを経れば，息子と同じように配慮を求めることができることを，クラス全体に示してくれたそうです。法律に保障された権利は絵に描いた餅ではなく，日常的に生活の中に現実としてあるものであることを，行動で示してくれました。

 ## 自分の学びにあった技術の習得

　自分の学びにあった技術を習得することは，やはり勇気の源になる，と先輩たちは話しています。機器を使いこなすには練習が必要です。「これさえあれば学べる」と実感できる技術を自分のものにできるように練習する場も求められます。第 4 章で紹介した KIKUTA プログラムを参考にしていただき，通級指導教室や家庭はもちろん，児童発達支援，放課後等デイサービス，医療機関でのリハビリテーションなどの各所に，技術の習得を助け，学校教育を下支えする場が広がっていくことを願っています。

 ## 仲間・先輩の存在

　そして大切なのは，仲間や先輩の存在です。困難に立ち向かっているのは自分一人ではないと実感することが，どれほど心の支えになるか，先輩たちは熱く語ります。KIKUTA に集う子どもたちは，全 9 回のプログラムの間に打ち解

けあってお互いに影響を与え合います。そして彼らはまた，先を切り開いている先輩の後ろ姿に勇気をもらえるとも言います。逆に，自分のことを憧れてくれる後輩たちから先輩たちの側が勇気をもらって，どんどん元気になる様子を目にすることもあります。

　KIKUTAでは，このピアサポート的効果を利用して，高校生を対象にしたプログラムも実施しています。高校生たちが，自分たちもICT技術を学ぶ傍らで，その技術を子どもたちにも教えるというプログラムです。マインドマップの「自己紹介」や「未来の自分」などは子どもたちのお手本としてSHOW & TELLで披露します。また「読み書きのしのぎ方」では，高校生自身の困難としのぎ方について発表してもらいます。教えるからには準備が肝要になりますので，高校生は別時間を設けて大学生チューターとともにICT技術を学び発表の準備をします。同じ困難を持つ後輩に技術を教えて導くことは，高校生自身の勇気になります。そして教えられる側の後輩たちは，高校生の姿を眩しく思って追いかけるのです。お互いの相乗効果が双方の心に勇気を育てて行きます。

④　承認のシャワー

　自分の特性や，配慮申請を，ことのほか前向きに捉える先輩がいます。濱辺さん（仮名），慶應義塾大学に通うディスレクシアの診断のある学生です（2022年12月現在）。彼女は，診断書や検査のデータを携帯に入れて持ち歩き，必要な時には「私コレなんで，よろしくお願いします！」と，すぐに見せられるようにしているのだそうです。あっけらかんとしたその様子は痛快でもあります。なぜそのようにポジティブに受け止められるのかを尋ねると，彼女は，ディスレクシアがわかった時に，両親が「よかったね！」と拍手で喜んでくれた話をしてくれました。「あなたが怠けていたのではないことが証明できてよかった！」というのです。そんな両親の反応もあって，彼女は，ディスレクシアであることを一度もネガティブに捉えたことはないのだそうです。

　人は本来，唯一無二の創造性を持って生まれた固有の存在です。ですから，他と違うのは当然であり，違いがむしろ尊いことであるはずです。ところが，こ

れまでの教育の中で子どもたちは他と同じであることを求められ，心折れてきました。

　KIKUTAでは，そんな子どもたち一人ひとりの個性に，素直に「いいね！いいね！」と承認のシャワーを浴びせることを心がけています。先輩から認められ，仲間から認められる経験が重なり，認められているという実感が溜まっていくことがしだいに子どもたちの心を癒します。そしてそれは前に進むエネルギーになっていきます。

 ## 5　応援してくれる大人の存在

　自分に勇気が溜まっていても，応援してくれる人が一人もいない場所で配慮を求めるのは至難の業です。そんな場所では，配慮の「は」の字も口に出したくない，と先輩たちは語ります。子どもを囲む大人が子どもを心から応援する存在になれるかどうかが問われています。

　KIKUTAプログラムの最終回にプレゼン発表をした後に「勇気がみなぎる」と話していたのに，しばらくしてトーンダウンしてしまった中学生がいます。聞けば，担任の先生から「今は配慮するけれど，卒業までには配慮がいらなくなるようにがんばろう」と声をかけられたのだそうです。

　読み書きのできない子どもは，「卒業」時はおろか，大人になっても，読み書きがすらすらと正確にできるようになることはありません。車椅子ユーザーの子どもに，卒業までに自力で歩けるようになろうなどと声をかける大人がいるでしょうか。そんな指導が人権に関わることは明白でしょう。

　困難に向き合う子どもの周囲にいる大人は，前に向かって動き出そうとしている子どもたちを応援する存在になって欲しいと切に願います。

KIKUTAメソッドの効果

 子どもたちのエピソード紹介

　KIKUTAメソッドでは全9回のプログラムの中で，子どもたちが自らの学び方を選び，周囲を巻き込んで協力を仰ぎ，自分で選んだその方法で学び始めることになります。これは，見方を変えれば，これまで与えられたやり方で歩んできた人生を，自分の力で主体的に歩き始めるということでもあります。それは，子どもたちにとっても保護者にとっても大きなターニングポイントです。そのストーリーはどれをとってもオンリーワンで眩しく，伴走する私たちの心も大きく揺さぶられます。本章では，その中のほんの一部をここに紹介します。

【エピソード❶】上川くん（仮名）の場合

　本書の冒頭でも紹介したように，上川くんがKIKUTAに初めて参加したのは，診断を受けて3日目くらいのことでした。診断を受けたクリニックで医師の説明に出てきた学習「障害」という言葉に，「ボク障害なの？」と発してそのまま嘔吐したそうです。

　母親からはこれまで気づかなかったことを悔いている発言が多く見られました。書けないことをなじったことも悔やんでいました。主治医は母親に「泣くことより，あなたには息子さんのためにしなければならないことがある。たくさんの先輩がいるここに連絡をして頭を下げてアドバイスを受けて」と手を握ってKIKUTAの連絡先を渡してくれたのだそうです。同時に「継続的に，永続的に，親子の側の立場に立ってアドバイス・支援をしてくれる人が必要なんだ」との助言をくれたとのことでした。

そうして上川くんはKIKUTAに参加しました。小学6年生に進級する春でした。中学の進路のことも家族で問題になっている様子でした。「障害受容」というステップは，本人だけでなく，保護者にも必要なステップです。本人より保護者のほうが障害受容に時間がかかることも少なくありません。上川くんの家族も，今の状態を受け止めて受容できるまでに，両親はずいぶん悩み，夫婦で話し合いを重ねている様子が垣間見えた日もありました。

　先の進路を考えて，中学受験を諦めきれない母親と，KIKUTAになんとか活路を見出したい上川くんとの間で衝突がある様子も伺えました。塾の宿題をめぐって母親と対立し，一人で電車に飛び乗ってKIKUTAに来た日もあります。後を追ってきた父親が教室に駆け込んで来て，息子の無事を確認して力が抜けたという日もありました。

　両親の苦悶の一方で，上川くん自身はKIKUTAで日に日に手応えを感じている様子が見えました。「SHOW & TELL」の発表の機会も積極的に手を挙げました。子どもたちの知的好奇心をくすぐるために，チューターの大学生が繰り出す「数列」や「宇宙エレベーター」や「特許」や「プログラミング」の話など，ありとあらゆる話題を夢中になって聞いていました。

　一方で，学校との関係はなかなかうまくいかない様子でした。見かねて私たちから直接学校の担任に連絡をとったこともありました。担任の先生は，外部からの干渉を警戒している様子でした。そこで私たちの取り組みはあくまでも学校のサポートであるということを伝えました。個別最適な学びと，集団での協働的な学びを円滑に進めていくための合理的配慮という視点を，担任の先生にも共有してもらえるように丁寧に説明しました。数日後，「学校から『チーム学校として管理職・担任・特別支援教育コーディネーターらが一丸となって上川くんを支える』との連絡が来た」と母親から報告がありました。母親の顔に笑顔が戻りはじめました。

　建設的対話は人間が進めることですから，ちょっとしたボタンのかけ違いで暗礁に乗り上げることも少なくありません。お互いが胸襟を開いて歩み寄るために，時には第三者のサポートが役に立つこともあります。

　そして迎えた最終日，上川くんが手紙を書いてきてくれました。

菊田先生へ

今日でキクタ最後です。

僕は1月23日から休まず計9回行きました。

そこで，キクタに行って自分1人で電車にのる力を学びました。

さらに，キクタ授業ではiPadを学習のツールとして使うことを学びました。

キクタでは，インストラクターの先生たちがiPadの使い方や感謝の気持ちの
あらわし方など様々な事を教えてくれました。

特に，感謝の気持ちのあらわし方が僕の心に残りました。

そして，チューターとのおしゃべりがキクタでの楽しみでした。

おしゃべりの内容はすべてたのしく僕に興味をもたせるようなはなしかたをし
てくれました。

僕はチューターのはなしのほとんどに興味を持ちました。

ずっと話したかったです。

また，一緒にまなんだ仲間もいました。

同じような個性を持ったなかまがいて安心しました。

そのような同じ個性を持った人たちと支えあって前にすすみたいです。

おやつも楽しみでした。

とくに，キャラメルが美味しかったです。

この，キクタでの楽しかった学びをわすれず学校生活に生かしたいです。

そして，おとなになったら僕とおなじ個性をもった人をキクタの先生やチュー
ターさんの様に支えていける様になれたらイイなとおもっています。

まだ，乗り越えなければならない課題は沢山あるけどキクタで学んだことを胸
に刻んでのり越えて行きたいです。

あと，iPadを使うと文字が頭にたくさんうかんでおどろきました。

キクタの皆さんありがとうございました。

以下は，同じ日に，上川くんの母親からいただいたメールです。

　母も子も，共に「障害」を乗り越えた，「障害受容」のリアルがここに表れていると思います。

皆様

お世話になっております。

昨日はお忙しい中，ご対応ありがとうございました。

5年の6月に書字の指摘があり，母子共々精神状態がぼろぼろな状態で主治医や心理士の先生，STの先生の勧めもあり皆様にお世話になりました。

診断直後は，皆様に沢山ご相談させていただき，学び方が違う方法を教えて頂きました。

KIKUTAに通ってから，息子は変わりました。

診断直後は，嘔吐をするほどのダメージを受けていましたが，診断を受け入れ前向きになったと思います。

これも，インストラクター・チューターの皆様・仲間のおかげだと思っています。

ありがとうございます。

回を重ねるごとに息子が笑顔を取り戻せた事に感謝の気持ちでいっぱいです。

KIKUTAの教室の最後の朝に，iPadを開き色々と打っていました。

私には，内容を全く見せてくれないのですが一つだけ質問がありました。

「障害」の類義語は何？という質問でした。

私は，ハンディキャップがある事，等の一般的な解答をしましたが彼はそれでは納得しませんでした。

最後の日の電車の中で，iPadをやっと見せてくれて「障害」を「個性」と書き替えていた事に，息子が一歩前進した事を確信しました。

同時に母である私も，前向きな春を迎える事ができました。

まだまだ，沢山の困難があると思いますがここでの学びを忘れずに日々を過ご

していきたいと思います。

親子共々のご指導，重ねてありがとうございました。

心より，感謝申し上げます。

ありがとうございました。

　その後，上川くんは担任の先生に自ら配慮を求め，学校での調整が行われていきました。

　調整の中では，学校で配布されているパソコンでは上川くんの求めている機能が足りず，自分のiPadを使うと機械2台になって，学校の狭い机の上では扱いきれないということが課題になっていました。

　結局，学校は上川くんのiPadに学校のTeamsを入れて，必要な機能をiPadに集約することで，その課題を解決してくれたそうです。上川くんの熱意を受け止めてくれた結果でした。

　配慮がかなった日，上川くんは自ら校長室を訪れて，校長先生に「ありがとうございます」とお礼を伝えたのだそうです。「内気だった息子がそんなことを」と，母親には驚きだったと聞きました。

　KIKUTAメソッドをきっかけにして上川くんは，両親や学校の応援を引き出し，主体的に人生を歩み始めました。

　ちなみに，KIKUTAではホームカミングデイも開催しています。修了式から数か月後に開催したホームカミングデイにやってきた上川くんは，元気な姿で仲間やスタッフとの再会を喜んでいました。「めっちゃ楽しかった！　また来ます！」と力強く話す様子が印象的でした。

【エピソード❷】北本くん（仮名）の場合

　北本くんは，小学6年の頃から不登校でしたが，公立の中学校に進学しました。中学校では適応指導教室に通っていました。KIKUTAに参加したのは中学1年の冬のことでした。その頃には適応指導教室へも足が遠のいているとのことでした。KIKUTAへは東海地方から母親の車で通ってきていました。

北本くんは，おとなしい性格ながら，課題にはいつも真面目に取り組んでいました。

　ある時，中学生ばかり 5 人のテーブルで，学校や読み書き困難の，あるあるネタで盛り上がっていました。「国語は大変」，「俺も国語だめだ〜」，「社会は漢字が書けない」，「私も〜」，「ひらがなで書くと減点なんだよ〜」，「うちの学校も〜」……などなど。あまりにも盛り上がるので，インストラクターも，割って入るのも気が引けていました。北本くんは聞き手に回る方でしたが，仲間の輪の中にいました。

　北本くんは，不登校を境に大人への不信感を抱いていました。もしかすると，読み書き困難があるゆえに，人一倍否定される経験を積んできたのかもしれません。

　KIKUTA では，スタッフもチューターも，参加者には意図して頻回に「いいね！いいね！」というメッセージを伝えることにしています。前述のような仲間たちとの交わりや，スタッフやチューターとの関わりの中で，少しずつ北本くんの表情が和らいでいくのがわかりました。

　KIKUTA の 4 回目のプログラムで実施する「未来の自分」という課題は，とても難しい課題です。自分の未来を考えてみるということは，特に思春期になって社会を現実として受け止め始めた子どもたちには，より難しくなります。その日，北本くんは，なかなかマインドマップが埋められずに苦しみました。学生チューターが見かねて，時々助け舟を出しました。それでなんとか北本くんは，時間が終わる頃までに自分なりのマインドマップを完成させ，発表までしました。

　ところがその次の回の朝，事件が起こりました。

　これまでなんとか通ってきた KIKUTA でしたが，自宅を出発しなければならない時間になったのに，ベッドから出られないというのです。母親から電話を受け，本人に代わってもらいました。聞けば，「前回書いた『未来の自分』は本当の姿ではないということに苦しんでいる，だから出られない」というのです。

　私は，「未来の自分」の課題は難しいこと，この課題は就職を前にする学生でも泣きながら迷うテーマであること，この課題は「成果」が目標ではなく，「考えること」そのものが目標であること，北本くんがベッドから出られないほど

悩んだならば，それだけで目標を達成していることを伝えました。電話の向こうでじっと私の話を聞いていた北本くんの緊張が一気にほぐれた様子でした。そして納得とともに一転して声が明るくなったのがわかりました。私たちが彼の取り組みを好意的に評価していることが伝わったのだと思いました。お互いの信頼の歯車がガッツリ噛み合った感じがしました。

その日は休んだ北本くんでしたが，その次のプログラムから復起して，また電話でのやり取りを境に明らかに笑顔が増えていきました。

第8回目の自分に必要な配慮についてのプレゼンの作成では，読み書き困難を乗り越え大学生になった先輩から「検査結果がキミの武器になるよ」と，アドバイスを受けました。アドバイスを受けた北本くんは，診断名をプレゼンの中に盛り込むことにしました。

プレゼン発表の日，北本くんは診断名とともに，書けなくて辛かった経験を発表しました。

プレゼンの一節をご紹介します。

診断名「学習障害」
僕の自覚としては小2ぐらいから書くのが嫌いになってきました。漢字が書けないので（ノートを）取りたくなかったです。宿題では，（漢字の）書き取りが，書いても一向に覚えられないので嫌いでした。テストでは漢字で書かないと答えが合っていても減点されるので悔しかったです。そして小6の時に学習障害と診断されました。

発表し終わった北本くんは，清々しい笑顔に誇らしさも見えました。その日，自己評価の達成感は初めて全部，最高点の「3」でした（図24）。

KIKUTA修了後，北本くんは勉強に前向きに取り組むようになりました。数学では，不登校で学ぶ機会を逸した内容を挽回すべく頑張っています。前向きに学習に取り組む姿勢は，日を追うごとに加速して自学自習の習慣が身についてきています。自分のために学ぶ「真の学び」がそこにあります。

　ホームカミングデイで久しぶりに会った北本くんは，その日初めて会った仲間ともすぐに打ち解けて，積極的に年齢が下の後輩たちの面倒も見てくれました。ひとまわり遅しくなった姿を眩しく感じました。KIKUTAの修了式から1年余り経った今，北本くんは毎日登校しているそうで，まもなく開催される修学旅行を楽しみにしていると聞いています。

図24　満点の北本くんの自己評価

【エピソード❸】山木くん（仮名）の場合

　山木くんがKIKUTAに参加したのは小学6年生になる春のことでした。冒頭でも紹介したように，山木くんは知的で快活，物おじしない明るさで，自己紹介では1番に手を上げて，場の雰囲気を和やかにしました。休み時間も積極的にインストラクターに話しかけて歩きます。何事にも興味津々で，発言には，きらりと光る賢さが滲みます。しかしそれとは対照的に，時々イライラと辛辣になって他者を攻撃してみたり，急にフッと表情を曇らせて，自分の世界に閉じこもってしまったりすることがありました。

　3回目，4回目と，プログラムが進むにつれて，山木くんは課題に取り組ま

ない場面が多くなっていきました。衝動的に立ち歩いたり，椅子をひっきりなしに動かして，椅子から転げ落ちたり，時にはiPadを大きな音を立ててバタンと閉めることもありました。仲間に挑発されて拳を突き出し一触即発の状況になったこともあります。それはまるで，どこまで許されるのか大人を試しているようにも見えました。

　それでもスタッフも学生チューターも，彼を腫れ物扱いにはしませんでした。危ないことは危ないと伝え，やるべきことはやるように伝えます。ただ，理不尽に従わせることはしませんでした。課題の理由を伝え，やるかやらないかは自分で選択させました。KIKUTAのプログラムは，自己を見つめて配慮プレゼンまでを書いていくというものです。課題に取り組まない山木くんの様子に，スタッフはKIKUTAプログラムが今の山木くんのニーズにあっていないのではないかと思うようになっていきました。

　そうして迎えた7回目。その日はいよいよ配慮プレゼンに着手する日でしたが，山木くんは突然何かフラッシュバックしたかのように「僕は何の価値もないダメな人間だ！バカだ！」と叫んで暴れ始めてしまいます。チューターの一人が万が一に備えるように，窓と山木くんの間に自分の体を入れました。私は山木くんの視界に入るところまで駆け寄りました。そして「私たちはあなたを天才だと思っている！」と伝えたのです。山木くんはなおも挑むように「大人の中には，バカを天才と呼び変える人がいるんです！」と凄みました。私も負けずに「私は嘘がつけない。あなたを天才だと思っている！」と返しました。山木くんの体の力が急に抜けました。インストラクターが後ろからそっと山木くんの肩を抱きました。

　落ち着いた後，山木くんは，スタッフに普段言えないで抱えている心の内のあれこれを話し始めました。学校が辛い場所のようでした。スタッフもチューターも彼の話に静かに聞き入りました。自己を見つめる課題が山木くんのニーズにあっていないのではとスタッフが考えていたのとは裏腹に，山木くんはずっと自分に向き合っていたのでした。今の自分，他者からの評価，未来の自分に。

　ひとしきり話し終えると，インストラクターが「よく話せたね」と労いました。すると，山木くんは憑き物が落ちたように笑顔になりました。そして大事にしている車のカタログを隣の席にいた上川くんに貸してあげました。上川くんは

戸惑いながら「ありがとう，じゃあ借りるね」と言いました。

　その日から，山木くんはすっかり落ち着きました。イライラすることも，辛辣な発言をすることもなくなりました。チューターにも仲間にも持ち前のビッグスマイルで人懐っこく話しかけるようになりました。チューターたちもまた，山木くんを弟のように可愛がりました。

　最終日，山木くんは発表のトップバッターでした。やや緊張気味ながら，山木くんは立派に配慮プレゼンを発表してくれました。最後の感想を述べる場面ではトリを努めました。そして KIKUTA のスタッフに向けては「KIKUTA で大切な時間を過ごせました。インストラクターの皆さんありがとうございました！」とコメントをくれました。後に続く仲間に向けては，「ここに来たらなんとかなると思え！以上！」と名文句を繰り出してくれて，教室中が大きな笑いと拍手に包まれました。山木くんは「どうして笑うの？」と言いながら，「KIKUTA が終わっても車の話をしたりしようよ」と上川くんや他の仲間にも声をかけていました。

　その後も時々 KIKUTA に顔を見せてくれる山木くんを，チューターたちは心待ちにしています。山木くんにとっても，KIKUTA のみんなにとっても，お互いがかけがえのない存在になりました。

【エピソード❹】吉野くん（仮名）の場合

　吉野くんは，8 回目の配慮プレゼンを書けずにいました。中学に入学したばかりの吉野くんは，今の状況に困っていないというのです。傍では，中学 2 年の岡くん（仮名）が作業を進めていました。母親に薦められて渋々参加した岡くんでしたが，参加してみたらすっかりプログラムにのめり込み，気づけば配慮プレゼンにも熱心に取り組んでいたのです。

　困っていないという吉野くんに，「なぜ？」と尋ねたところ，彼は「先生も親も自分のことをよくわかってくれているから，特に自分から何かをお願いする必要はないから」と答えました。それを聞いた岡くんが「中 1 の夏かあ。僕も中 1 の 1 学期の中間テストはまだそれほど困っていなかったなあ。でも 2 学期になったら急に苦しくなったから，その頃にはわかると思うよ」と言うと，そ

ばで聞いていた読み書き苦手な大学生たちも，「そうそう，私も中1の2学期の中間テストからだった」，「そうそう，オレも」と話していました。

　KIKUTAでのプレゼン発表は夏休みの間でした。吉野くんは「僕には今のところ配慮は必要ありません」という内容のプレゼンをしました。

　夏休みが終わり，件の2学期の中間テストが終わった途端に，父親がKIKUTAに駆け込んで来られました。聞けば，中間テストの成績が悪くて，吉野くんが悔し涙を流したというのです。勉強ができるようにさせたいわけではないのだが，今のやり方で実力が発揮できないまま，本人が忸怩たる思いを重ねて自己肯定感に傷をつけていくということが親にとって忍びない，と切々と訴えていました。

　そうは言っても配慮を求めるか求めないかは吉野くんの意向しだいです。そこで私たちは，吉野くんと会って話してみることにしました。

　後日，吉野くんは，中間テストの答案を携えてKIKUTAにやってきました。吉野くんに「どうなりたいの？」と尋ねると，「少なくとも平均点くらいは取りたい」と言います。それならば……と，私たちは，学生チューターの手も借りて，吉野くんの答案をくまなく確認しました。過去に実施した読み書き検査の結果では，吉野くんに重度の読みの困難があることが表れていました。今回のテストを調べると，案の定，文章題や問題文が長いところができていません。「問題文が読めていないんじゃない？」と伝えると，吉野くん自身もそこに思い当たっているようでした。そして，数学で気になっている文章題があると，カバンの中から何やら紙を取り出しました。それは何度も解答を書いては消した様子が見てとれるクシャクシャの紙でした。

　そこで，試しに問題文をチューターが読んで考えてみよう，ということになりました。チューターが問題を1度だけ読むと，吉野くんはスラスラと解答を書き始めました。それをチューターの解答と比べると，吉野くんは，展開式の最初の2行を頭の中でやっていることもわかりました。その後，同じやり方でいくつか問題をやってみると，やはり同じようにスラスラと解けることがわかりました。

　問題を解き終えた後，読み書き困難があるチューターから，「やはり配慮を受けてみたら？」と提案してみました。すると，吉野くんは一転して配慮に前向

きな反応を見せました。そして「どんな配慮があったら勉強がしやすい?」と吉野くんに聞いてみると,「読み上げは……機械による読み上げだと,どこを読んでいるのかもわからないから,人が読み上げてくれると良い。書きについては,今は手で書いているけど……パソコンの方が楽に書けるかも」とすぐに具体的なプランを自分で組み立てることができました。

そうと決まれば話は早いです。まずは自宅学習の中で,チューターに手伝ってもらいながら,そのやり方で勉強する練習を始めることになりました。読みはチューターが代読し,書きはパソコンでキーボード入力にもトライします。テストも意識して読み上げの範囲を指定するなどの練習を始めました。

吉野くんに配慮を受ける意思が固まってからの展開は早いものでした。その後すぐに彼は自分から担任の先生に配慮を願い出ました。

一方,学校は早くから吉野くんの読み書きの困難を両親からの説明で理解していました。そして吉野くんに対する配慮実施に向けて,両親,本人と慎重な話し合いを続けていました。

とはいえ,読み書きへの配慮は多くの先生にとっても初めての経験です。吉野くんの意思の表明を受けて,校長先生からすぐにKIKUTAに連絡がきました。私たちは直ちに学校に出向いて,読み書き困難についての説明と,吉野くんの現状報告をしました。そして校長先生のリーダーシップのもと,学校と教育委員会の応援も受けながら校内体制を整備し,全校体制で吉野くんの支援に当たっていくことになりました。

数日後に開かれた初回の校内委員会では,まず,読み書き困難への配慮が,近年新たに認識され始めた課題であることをお互いに確認しました。これは,先生方にとって数年前には受け入れが難しかった「読み書き困難」という概念を取り入れ,これまでの指導の仕方をリセットして新たに学校として立ち向かっていこうという決意表明でもありました。そして,実態把握について,読み書き困難は,本人の努力ではどうにもならない「障害(=社会的障壁)」であるという確認をしました。その上で,授業の中での配慮の方法に加え,数週間後に迫った試験の配慮も検討されました。校内委員会の中では,全員の先生の理解を得ることはなかなか厳しいかもしれない,という課題も示される一方で,試験の読み上げ担当には,数名の先生が名乗りを上げてくれました。折れかけている

吉野くんの心をなんとか持ち直させたいという，そこに集まった先生の熱意の表れに見えました。

　その後すぐに行なわれた2学期の期末テストは全教科，別室で行われました。本人が読み上げを希望する箇所を小さな指し棒で示し，代読者が読み上げました。

　そして結果をもとに後日，試験の検証の校内委員会が開かれました。先生方からは，やってみてわかったことがさまざま報告されました。「本人が代読者に読む箇所を指示するための道具は，粘土細工に使う道具を工夫して作った指し棒やルーラーなど何種類か用意し（図25），使ってみて使い勝手の良いものがわかった」「本人が指し棒を手に取ることで代読者は読んでほしいのだなとタイミングを掴むことができる」「本人の希望だけでは本人の理解に必要な読み上げが足りない」「問題文と資料が分かれている場合は読み上げている箇所がどの資料のことかわからなくなりがちである」「代読者が専門分野でなければ，担当の試験問題に読めない漢字があったりする」などなど，やってみるとさまざまな発見もあり，課題も出てきました。そうした気づきをもとに，今度は入試を前提にどのような方法がいいのか活発に意見の交換がされました。そしてすぐに取り組めそうないくつかの方法を通級指導教室で練習しようと本人に提案してみることにしました。まだ入試を具体的に思い描くことができない吉野くんを前に，先生方の気持ちがはやります。どう現実に結びつけて本人の意欲を引き出していくのか。先生方の絶え間ない模索が続けられています。

図25　吉野くん用の差し棒やルーラー

【エピソード❺】笹生くん（仮名）の場合

　笹生くんは，小学4年の時に担任の先生から読み書き困難の可能性を示唆されました。ただ，その時には療育センターや医療機関を受診しましたが，確定診断には至りませんでした。その後，小学5年の時に，ようやく読み書き検査が受けられる機関に辿り着き，そこで困難がわかりました。検査によると，小学5年生で，黙読の速さは小学1年生並み，音読だと，ひらがなもカタカナも小学1年生の平均よりずっと遅いことがわかりました。それだけの読みの遅さにもかかわらず内容理解はできていることから，自分の持っている知識を総動員して内容を読み取ろうとしていることが窺われました。おそらく読むことに尋常ではないエネルギーを使っていることなのでしょう。小さい頃から悩まされてきた頭痛や嘔吐はその辺りに原因があるのかもしれないと思われました。

　笹生くんがKIKUTAに参加したのは中学1年になった春でした。その時点で既にICT機器の使い方は習ったことがあり，学校にも検査結果を提出して，一応の理解を得ているということでした。しかし，本当にこのやり方でよいのか，親子ともに確信が持てないと言います。学校への説明にも今ひとつ自信が持てない様子でした。「自分なりのやり方を選ぶ勇気を育てる」というKIKUTAの趣旨に共感された保護者に連れられて笹生くんはやってきました。

　KIKUTAでの仲間や先輩たちとの交流が始まりました。実際に配慮を得ながら学んでいる先輩は笹生くんにとって刺激的だったことでしょう。

　6回目のSHOW & TELLの場で，笹生くんは，中学校の先生に向けて書いているという，ノートテイクにまつわるプレゼンを披露してくれました。そのプレゼンの内容は素晴らしいもので，発表の間，仲間や先輩たちからは，どよめきや感嘆の声が聞かれました。そして発表の後しばらくの間は拍手が鳴り止みませんでした。その教室にいたすべての人が笹生くんから勇気をもらいました。

「本当にノートは必要か？」

中学校ではノート点で点数がつけられます。

ノートがきれいだと，勉強しているという評価になります。

でも，きれいなノートは本当に勉強になっているでしょうか。

ノートを取っているとき，人はきれいに写すというに作業に集中してしまいます。

これは頭を使っている気がしているだけで実はあまり使っていません。

全力でノートを書くと言うのはなんだかやった気がしているだけで勘違いです。

勉強した気になってるだけです。

先生の板書の内容の９割は教科書に書いてあります。

実際に数学の授業で黒板に書かれたことを教科書に線を引いていったら，先生の一言一句，教科書に書いてありました。

ノートに書くなら先生が話したポイントぐらいだけでいいと思います。

一生懸命板書を写すぐらいだったら，手を動かすのをやめて全神経を先生の話に集中させたほうがマシです。

せっかく質問もできる貴重な時間を板書で終わらせるのはクソです。

そうはいっても，きれいに情報がまとめられたノートは後で復習に役立つじゃないかと思う人もいるでしょう。

しかしきれいなものが見たいなら，暗記用に用意された参考書を買えばいい話です。

参考書を買わずとも授業を受けるために買った教科書があるじゃないですか。

結論です。僕は，ノートはメモ程度でいいと思います。以上です。

今，笹生くんは自らテストでの配慮を申請しています。本人と担任の先生と両親の三者で，どんな配慮が必要なのか，また学校としてはどんな配慮ができるのかの検討を始めた段階です。そして，次年度への引き継ぎも含めての模索が続けられています。

後日，エピソード掲載にあたって母親から届いたメールをご紹介します。

私も息子も KIKUTA につながれたことで劇的に変わりました。

できることがある！と知れたことは本当に勇気になりました。

本やネットで情報を集めても，やっぱり同じように困っていた人たちがどう行動したのか，リアルな声を聞けるのと聞けないのとでは全然違うと思いました。全国には，何でこうなのか，どうすればいいのか，訳もわからず困っている（読み書き困難の）子と親が多勢いると思います。

息子のエピソードで，次につながるキッカケになれば本当に嬉しいですし，小さくても力になれればと思います。

【エピソード❻】 土橋くん（仮名）の場合

　土橋くんが KIKUTA に来たのは，高校を卒業する年の 3 月でした。読みに大変な困難を抱えていた土橋くんでしたが，中学の国語で，個別の取り出し教育を受けた以外は，配慮らしい配慮を受けたことはなかったと言います。学校で配慮を受けていなかった代わりに，母親が書き込んでくれたルビを頼りに，なんとか勉強してきました。KIKUTA に来た時点で専門学校への入学は決まっていましたが，配慮を願い出る気はないと聞きました。カミングアウトするのが嫌だというのです。ICT 機器を使う気もない様子でした。

　初めて KIKUTA に来た頃の土橋くんはうつむきがちでした。言葉少なで，自信なさげな暗い印象を受けました。

　KIKUTA は ICT の指導によって子どもたちに自信を取り戻してもらうことを本旨としています。ところが土橋くんのように高校生にまで成長した人が，ただ ICT の技術を覚えるだけでは，失った自信を取り戻せるとも思えません。そこで私たちは彼に，「子どもたちに教える」という役割を担ってもらうことにしました。自分よりもずっと年下の後輩たちが社会的障壁に立ち向かっている姿を見てもらい，自ら障壁を乗り越えていくための力を貸してもらおう，その後輩たちの姿から彼自身に勇気を取り戻してもらおうと考えました。

教えるとなると，土橋くんは必死でした。技術を学び，自分で試し，子どもたちに実演して見せます。やり始めると，読み書きの苦手さがわかる土橋くんは，痒いところに手が届くように子どもたちの困っているポイントがわかります。読み書きができるインストラクターの私たちより，ずっと子どもの困りごとに寄り添うことができました。教室開催後に毎回行う振り返りのミーティングでは，子どもたちの様子から困難を読み解いてくれる場面も多々ありました。読み書き困難のない者には気づかない視点がしばしばありました。

また土橋くんには，折にふれて彼自身がどのように困ってきたのか，子どもたちに話してもらう機会も作りました。先輩として子どもたちの前で話すことは，土橋くんにとって一つハードルを越えることでもありました。同時に，後輩との間で相互に共感することは，お互いの心に勇気を生んでいきました。こうして，後輩の前で話す場面をクリアするごとに，土橋くんはうつむきがちだった顔をあげ，明るい表情になっていきました。

さらに土橋くんは自身の実際の生活の中でも ICT 機器を使いこなしていくようになりました。読めない漢字を Google レンズを使って読み上げるなど，入学したばかりの専門学校でも，配慮を求めるようになっていきました。子どもに教えているということが，翻って自分自身の学びの権利を行使することの「正当性」を裏打ちしているようでした。

今，土橋くんは自分の将来について改めて考え始めています。ICT 機器を使った新しい学び方を試してみて，今の専門学校の教科自体が自分には不向きだと自分で判断しました。そして今，彼は警察犬のトレーナーへの道を模索し始めました。

以下は，彼自身から KIKUTA の参加者へのメッセージです。

●ディスレクシアの 19 歳──後悔しないための人生

チューターの土橋です。
自分はディスレクシアなんですけれども，いろんなことで後悔してきたので，みんなには後悔しないで欲しいなあと思うので，今から話をし

ます。

　まず，ディスレクシアは，学習障害の一つで全体的な発達には遅れはないけれど，読み書きだけできないっていう状態です。「読み書きだけ」ってことはしっかり覚えておいてほしい。

　有名人だと，トム・クルーズや，ジョージ・ブッシュ，アインシュタインなんかももしかしたらディスレクシアなんじゃないかって言われています。

　自分は小学校 3 年生の時に検査をしたんですけど，当時は自分のことをあまりよく理解していませんでした。当時どうだったかと言うと，書きに関しては，これは小学校 3 年生の時の漢字テストなんですけど（図26），小学校 1 年生の内容をテストしてるんですけど，ほとんど書けていません。「人」と「字」という漢字以外 ほとんど書けていないし，字も汚いっていう状態です。

図26　土橋くんの小学3年生時の漢字テスト

　読みに関しては言葉をまとまりとして読むことができず，1 行読むだけでもかなり疲れる。漢字はほとんど読めない状態でした。

　で，後悔しないための人生っていう話なんですけど，中学校が一番後悔しました。中学 3 年間は配慮は絶対必要だったんですよ。でも（配慮

をお願いすると）友人に嫌われるんじゃないかと思って。それで配慮を
してもらわなかった。国語だけ取り出しで個別授業を受けたんですけど。
タブレットの使い方なんかは全然やっていませんでした。それまではか
なり多動だったしヤンチャな方だったんですけど。読み書きができない
んで，自分に自信がなくて。自分の存在を消して目立たないようにしよ
うって思って。自分の個性を押し殺して大人しくするようになりました。

　それで高校は配慮がそもそも必要ないところに進学しようって思って。
ノートも課題もテストもiPadで受けられる通信制高校に進学しました。

　ここで自分は激変しました。iPadを使うようになって，読む速度がぐ
んと早くなって（図27）。テレビの字幕を追うことができるようになっ
たんです。なんでかっていうと，タブレットの（オンデマンド）授業で，
音声を聞きながら文字を追って勉強していたんで，そのおかげでかなり
読めるようになったんです。勉強の負担も減りました。

図27　土橋くんが通信制高校で使っていたiPad

　で，高校を卒業して専門学校に入ることになったんですけど。専門学
校ではタブレットを当たり前に使う学校ではなかったんです。心の中で
は配慮は欲しいなって思っていたけど，自分で配慮を求めることは拒ん
でいました。

　そんな時，ある先生の勧めでKIKUTAに出会ったんです。自分もKIKUTAの内容を学びながら小さな子どもたちに教えることになりました。

　KIKUTAでは子どもたちにチューターがほぼマンツーマンでつきます。それでKIKUTAで何をするかっていうと，自分を見つめ直す——自分に今どんな配慮が必要なのかって見つめ直すんです。それで子どもたちと一緒になって考えるうちに，自分にもどんな配慮が必要なのかってわかってきました。

　それで，今まで拒んできた配慮のお願いを，自分で専門学校に「お願いします！」って言えるようになったんです。

　その時にお願いしたのは，「授業のパワーポイントをください」っていうことと，「授業中に録音をさせてください」っていうことです。文字を追いながら聞けば覚えられるってことが高校生の時の経験でわかっていたんで，iPadでパワーポイントを見ながら録音を聞けばなんとかなるんじゃないかと思って。じゃあ，その配慮をお願いすればいいんだって。ここ（KIKUTA）で理解したんです。

　で，まとめなんですけど。目が見えない人はメガネで見えるようになるし，足が悪い人は車椅子で移動できるようになる。読み書きに関しては，読みが苦手ならiPadの読み上げ機能を使うと理解ができるし，書きが苦手ならiPadでノートを取れば負担が減って授業に専念できます。

　こういうのを「当たり前のこと」にしていきたいなって思っています。

【エピソード❼】岡くん（仮名）の場合

　岡くんがKIKUTAに参加したのは中学 2 年になった春のことでした。漢字が覚えられない，本を読めない，板書を取るのが追いつかない，聞きながら書くことができない，文章題を書くことができないなどの困りごとを抱えていました。それにも関わらず，本人としては，読み書き困難があることを周囲に隠し

たい様子でした。当然，配慮に対しても後ろ向きです。中学1年の3学期から試験で別室・時間延長の配慮を受けていたものの，周囲に知られることを恐れている様子だったといいます。

　家族は母親と姉の3人家族。岡くんは学校では剣道部の主将を務めていて，KIKUTAがある日曜日は大事な試合と重なることもあります。母親の強い意向で渋々参加した彼は，「1回だけしか行かないからね！」と母親に宣言していました。

　ところがそうして参加した初回のプログラムで岡くんは「読み書き困難になぜICT機器を使うのか」や「合理的配慮」について河野氏から解説を聞いたり，iPadの基本の操作を習ったりしました。その帰り際，彼は「思った以上に良かった。剣道の試合と重なる日もできる限りの調整をして参加したい」と私たちに伝えにきてくれました。帰りの電車では「連れてきてくれてありがとう」と母親に話したのだそうです。

　その後，岡くんは毎回，与えられた課題に真剣に取り組みました。回を追うごとに，自我が芽生えていくように内面が成長して見えました。4回目が終わるころ，それまで親以外に伝えたことのなかった自分の思いを，担任の先生に伝えられるようになりました。内面が成長してきていることを母親も感じ始めました。

　6回目が終わる頃，読み書き検査を受けることになりました。これまで受けていた検査では，読み書きのどこに不具合があるのかはっきり表れていませんでした。1学期の期末テストが返ってきて，結果の悪さに落ち込む一方で，何をどのように配慮してもらったらよいのかさえわからないという理由から，改めて読み書き検査を受けることになったのです。

　KIKUTAでは読み書き検査の結果を子どもたちにも説明しています。自分の状態を正確に把握できていなければ配慮を求める際に説明をすることができないからです。

　読み書き検査の結果，岡くんは漢字の読み書きに大きな困難を抱えていることがわかりました。漢字を正確に読んだり書いたりすることが非常に難しいのです。また音読の速さも小学4年生の平均よりも遅いことがわかりました。岡くん自身も「自分で読むよりも，誰かに読んでもらった方が頭に入る」と話して

いましたが，それを数値で裏付けるような検査結果でした。検査では介入課題を試してみて，選択肢の中から正しいものを選び出すことはできることもわかりました。パソコンを活用することは彼の困難の解決に役に立ちそうでした。

　検査結果を聞いた時，岡くんは，仲間がいるという安心感からか，結果を否定的ではなくしっかり自分で受け止めていた――と母親が話していました。

　8 回目の配慮プレゼンの作成は，のめり込むように打ち込みました。そして，できあがったプレゼンを，岡くんは一番に姉に見せたのだそうです。できあがった達成感もあったのでしょう，プレゼンの練習と言って見せたそうです。姉はしんみり，「知らなかったなー」と言ったそうです。

　9 回目のプレゼンは，実に堂々とした立派なプレゼンでした。それは，高校入学の時の配慮申請を想定したプレゼンでした。

　以下がそのプレゼンです。

「配慮のお願い」

　岡です。
　iPad を授業中に使うことと，テスト時間の延長をお願いします。

　実は僕は読み書きが苦手なディスレクシアです。
　たくさんの文字が詰まった文章を見るとぼやけて見えて読みづらく時間がかかります。
　「読み取るのが困難，文字を思い起こして書くのが困難，文字が歪んで感じたり，霞んで感じるなど様々です。1 文字読むのに、時間がかかってしまうことや，間違えることもあるといった状態では，読むだけでは疲れてしまうこともあります。」これは僕の読み書き検査の所見の一節を引用したものですが，この部分の半分くらいの文字の分量でも辛くなってしまいます。
　配慮をお願いする根拠ですが，読み書き検査で文章の構成や理解は年齢以上の能力があるのに，読みの速度が小学校低学年くらいの速さでし

か読めないことがわかりました。

　中学校では丸読みでの漢字の読みにてこずって，授業を止めてしまうことがしばしばでした。

　でもiPadを使うことで，事前に教科書にふりがなを振っておいて，授業を止めることなく読めるようになり，授業の内容も理解することができるようになりました。作文もクロムブックで作って提出していました。テストは，１年生の１〜２学期はみんなと同室で受けていましたが，時間が足りなくて半分しか解くことができませんでした。それで３学期からは別室で時間延長をしてもらったら最後まで解くことができました。

　高校でも，ICTを使って教科書に事前にふりがなを振っておきたいし，作文もICTを使って書いて提出したいです。また，テストでは別室・時間延長をお願いしたいです。

　まずは国語からICTを使わせてください。

　よろしくお願いします。

　その帰り道，岡くんは母親に，「勇気がみなぎっている」，「友だちにもプレゼンを見てほしい」，「また行ってもいいかな」，「KIKUTAの手伝いができるようになりたい」と話しながら帰ったそうです。

　自分の個性を恥じない勇気，仲間や後輩に寄り添いたい思い，私は心からカッコいいと思います。

　それから半年，このエピソード掲載にあたって母親から届いたメールです。

息子は只今絶賛反抗期中でして，扱いが大変難しくなっています。（そういう意味でもKIKUTA挑戦のタイミングは良かったです…）いただいた原稿を登場人物である姉に読ませました。すると姉は「そうだったよね〜，感激したんだよね〜，iPadでこんなこと，私はできないから。あいつ，めちゃくちゃ嬉しそうに見せてきたよ」と思い出していました。
頑張りを覚えていてくれる人がいるって幸せなことだなと思いました。

【エピソード❽】山野くん（仮名）の場合

　山野くんがKIKUTAに参加したのは，小学5年生になった4月です。いつも楽しげで，エネルギッシュな目の輝きが印象的でした。陽気でおしゃべり好き，誰にでも話しかける社交家ですが，課題への取り組みは，ややふざけがちな面もありました。1分間タイピングは，何やかやと理由をつけて逃げていました。自分と向き合うことも同じく逃げていたのかもしれません。

　それでいて，「それってあなたの感想ですよね？」のセリフで知られる「論破王」のひろゆきに傾倒していて，いつも相手を論破しようと挑んできます。KIKUTAでは，発表の機会がたくさんあります。山野くんは仲間の発表によく反応を示しました。日本人は無反応になりがちですが，話す側にとって，聴く側からの反応は大事な要素です。山野くんが反射的に反応を示せることは，素晴らしい能力といえます。ただ，ひろゆきを目指している山野くんでしたので，時にやや攻撃的な反応になることが気になる点でした。

　8回目のプレゼン作りの日，山野くんは「合理的配慮は法律で決まってるんだから，絶対にやらなきゃいけないんだよ！　やらない奴の方がおかしい！」とひろゆき調（？）に攻撃的な持論を展開しました。山野くんの言い分は私にもよくわかります。

　すると，読み書きが苦手な学生チューターが歩み寄ってこう言いました。「論破はさあ，された方が嫌な気持ちになるよね。嫌な気持ちにされたらさあ，その人のことを手伝いたくはなくなるよ。だから，言い方って大事だと思う」。

　山野くんは不意をつかれて静かになりました。そしてしばらく考えてから納得したようにこう呟いたのです。「そうか，優しさか……じゃあ，ひろゆきプラス優しさ，で行くか！」。

　それから，山野くんは論破を挑むことをやめました。発表への反射的な掛け声も「すげ～！」とか「いいね～！」とか，肯定的な言葉に代わっていきました。反射的にプラスの言葉が出るという能力は，実は大人にもあまり見られない素晴らしい能力です。山野くんのプラスの掛け声が飛ぶと，教室全体が一気に和やかになりました。そのおかげもあって，山野くんが参加したこのクラスは困っている人にいつも誰かが助け舟を出すような集団に育っていきました。山野く

んには，良いムードメーカーとしての力が芽生えたかもしれません。「私が一緒に働くとしたら，こんな肯定的な声かけで共に働く仲間を元気にしてくれる人と働きたいな」とスタッフが思えるほどでした。

9回目のプレゼンの最終仕上げの時間，山野くんのプレゼンは配慮の根拠の説得力がまだ弱い内容でした。そこでその日に講師として来ていたプログラム監修者の河野氏が山野くんに，個別に読み書き検査の結果を説明してくれました。これまでなんとなく受け止めていた自分の特徴に，初めてがっぷり四つでまともに向き合った感じでしょうか。山野くんはいつになく黙って，真剣に聞きました。そして，深く考え込んだ表情からパッと河野氏の方に目を上げて，腹の底から「あざっす！」と言いました。

プレゼン発表で山野くんはトリでした。直前に説明を受けたばかりの検査結果もプレゼンに取り入れていました。河野氏が「トリにふさわしく堂々としたプレゼンでした」と講評を述べると，照れ臭そうに「いやぁ，それほどでも〜」と満面の笑みで頭を掻いて言いました。

KIKUTAを修了してから半年後，このエピソード掲載にあたって山野くんの母親から届いたメールです。

今，息子は楽しく学校に通っております。
タブレットは使ったり使わなかったりですが，タイピングは色々な放デイで練習して，ローマ字もほぼ覚えて，だいぶ早く打てるようになってきました。
作文や日記は，音声入力の利用で別人のようにサクサクと作成できるようになりました。
息子が頭の中で考えていることは，言葉としては今までも聞いていましたが，「楽しかったです。良かったです」しかなかった感想が，かなり深みのある文章となって驚きました。
先日の授業参観でもよく発言していました。親としては苦情が来るのではないかとヒヤヒヤで。
でもクラスの子どもたちが楽しそうで不思議だったのですが……この原稿（エピソード）を読んで，改めて腑に落ちたような気がしました。

② 読み書き困難のある子を支える校内体制整備

　「読み書きへの配慮が必要な子どものために校内体制整備をどう整備していけばよいでしょうか？」と，教員研修などでは学校の先生たちから質問を受けることがよくあります。そこで，困難の発見から入試までのステップを図にまとめてみました（図28）。

　たとえば，前述した吉野くん（エピソード4のお子さんです）は，担任の先生に配慮の意思表明をしましたので，今はこの図では「4」のステップにいます。

　以下に，一つひとつステップの解説をします。

【ステップ❶】発見

　読み書き困難が疑われたら，まずは保護者と学校で実態把握を共有しましょう。時間が経つほどに子ども本人の心は傷ついていくばかりですので，手立てはすぐに行われるのが望ましいです。「特性が原因で，他人より読み書きに多くのエネルギーを費やしているかもしれないから，調べてみよう」と，本人とも情報を共有されると良いでしょう。

【ステップ❷】検査

　検査は，子ども本人の負担にならないように短時間で適切な検査がされることが望ましいです。本人にとって検査の負担は大変なもので，検査を受けた日は，家庭での生活もままならないほど疲れることがあるからです。

　検査結果は，親にも子にも一つの区切りになります。そのためKIKUTAでも必ず結果を子どもとも共有しています。検査所見を見ながら説明を聞くことで，子どもは，「書かなければならない」，「読まなければならない」という呪縛から，親は，「書かせなければ」，「読ませなければ」という呪縛から解放されます。

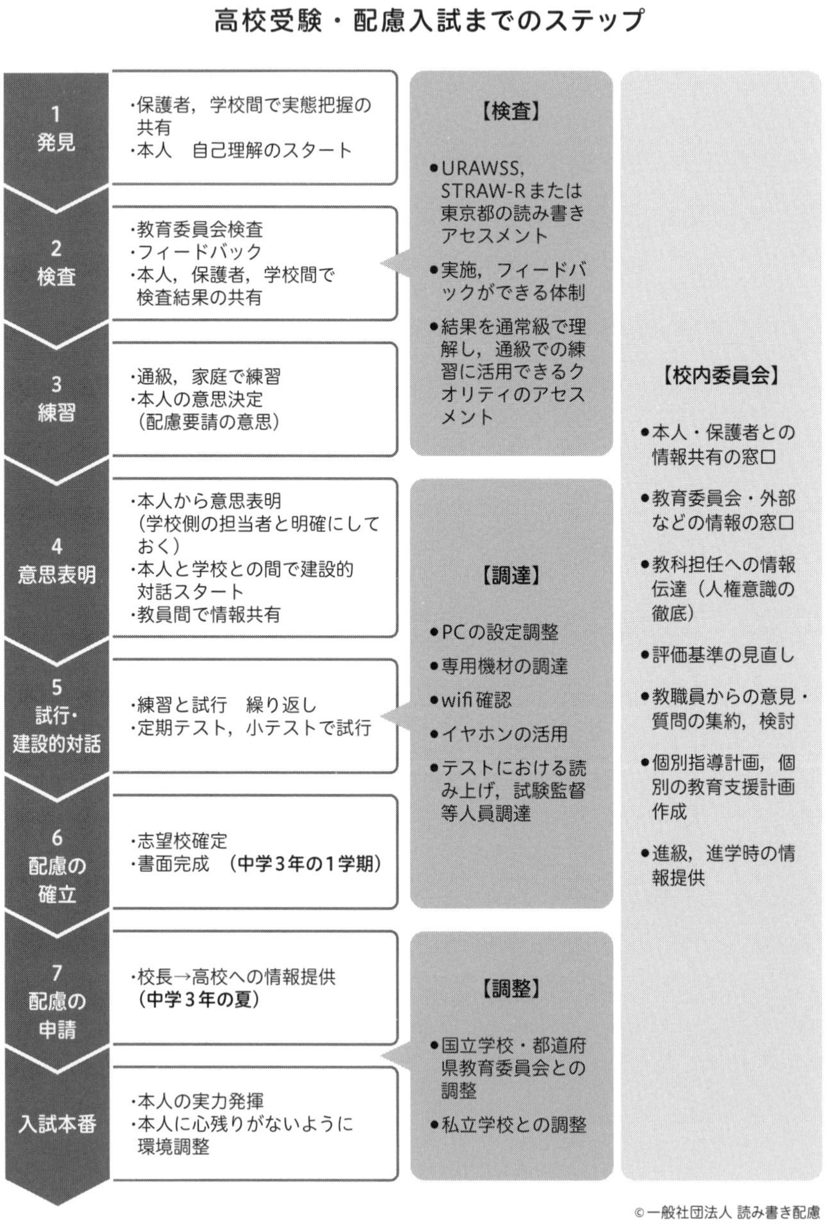

高校受験・配慮入試までのステップ

1 発見	・保護者，学校間で実態把握の共有 ・本人　自己理解のスタート	**【検査】** ●URAWSS，STRAW-Rまたは東京都の読み書きアセスメント ●実施，フィードバックができる体制 ●結果を通常級で理解し，通級での練習に活用できるクオリティのアセスメント	
2 検査	・教育委員会検査 ・フィードバック ・本人，保護者，学校間で検査結果の共有		
3 練習	・通級，家庭で練習 ・本人の意思決定 （配慮要請の意思）		**【校内委員会】** ●本人・保護者との情報共有の窓口 ●教育委員会・外部などの情報の窓口 ●教科担任への情報伝達（人権意識の徹底） ●評価基準の見直し ●教職員からの意見・質問の集約，検討 ●個別指導計画，個別の教育支援計画作成 ●進級，進学時の情報提供
4 意思表明	・本人から意思表明 （学校側の担当者と明確にしておく） ・本人と学校との間で建設的対話スタート ・教員間で情報共有	**【調達】** ●PCの設定調整 ●専用機材の調達 ●wifi確認 ●イヤホンの活用 ●テストにおける読み上げ，試験監督等人員調達	
5 試行・建設的対話	・練習と試行　繰り返し ・定期テスト，小テストで試行		
6 配慮の確立	・志望校確定 ・書面完成　（中学3年の1学期）		
7 配慮の申請	・校長→高校への情報提供 （中学3年の夏）	**【調整】** ●国立学校・都道府県教育委員会との調整 ●私立学校との調整	
入試本番	・本人の実力発揮 ・本人に心残りがないように環境調整		

図28　高校受験・配慮入試までのステップ

【ステップ❸】練習

　本人の困難に合わせて，自分に合った学び方を練習します。本人に，配慮があれば解決できることに実感させ，配慮要請の意思を育てていきます。自分は「できない人ではない」と知って，子どもたちは一様に元気を取り戻し始めます。

【ステップ❹】意思表明

　本人から配慮の意思表明をします。教育的な観点から「意思表明の練習」といった位置づけかと思います。

　本人の意思表示を受ける窓口となる担当者と，各教科担任への情報伝達のハブとなる担当者がいると話がスムーズです。両者は同一人物でも構いません。いずれにしろ，本人が各教科担任を一人ずつ回って説得するのは，本人・保護者・学校のいずれにとっても非効率です。

　なお，配慮を試す過程では，教科担任と本人の間で直接の調整が必要なこともあります。お互いが過度の負担とならないよう，柔軟に対応していきましょう。

【ステップ❺】試行・建設的対話

　配慮の練習と試行を繰り返します。ステップ4と同じく，本人と学校が建設的対話を進めることは，対外的な配慮申請における建設的対話の練習の機会でもあります。配慮の試行と建設的対話は，定期テストや小テストを利用しながら，練習を重ねていくと良いでしょう。入試まで定期テストはそう何回もあるものではありません。効率的に試行を重ねましょう。

【ステップ❻】配慮の確立

　入試に向けての高校への説明のために，配慮の内容を書面に書き起こします。高校選びの受験相談の資料として使うためです。

【ステップ❼】配慮申請

　配慮申請は，公立であれば高校を設置する教育委員会によって，私立であれば各学校ごとに様式が違います。学校によっては，定められていない場合もあります。高校側の準備のために，配慮申請に先立って中学校の校長から高校への情報提供は早い方が良いでしょう。

　ステップ6で確立した方法で申請をしましょう。慣れない方法では実力が発揮しきれないかもしれないことには十分に留意しながら，建設的対話を進めて欲しいと思います。

　高校によっては，入試の前に教室の下見や入試本番の打ち合わせの機会を用意してくれるケースもあります。代読者を高校側が用意する場合には，代読者と本人との打ち合わせが行われるケースもあります。

【ステップ❽】入試本番

　いよいよ入試本番。本人の実力を遺憾なく発揮してもらいましょう。

 # 3　自己肯定感とレジリエンス

　KIKUTAでは，本書でこれまで紹介してきたプログラムの有効性の検証を進めています。

　参加者本人からは，プログラム参加前とプログラム参加後に心理アセスメントを実施して，量的な評価を実施しています。また，保護者からは，参加者の間接的な評価として，プログラム終了時にインタビューを行って，そのインタビューデータに対して質的な評価を実施しています。保護者からの間接的な評価は，参加者が小学生の場合，自分を俯瞰的に評価できるメタ認知能力が十分に育っていない場合もあることを考慮して実施しています。

（1）実施した検査（心理アセスメント）について

　参加者本人には，SOBA-SET（近藤，2013），学習コンピテンス尺度（桜井，2007），精神的回復力尺度（ARS）（小塩ほか，2002）の 3 種類を実施しています。それぞれが何を測ったのかは以下のとおりです。

●SOBA-SET

　社会的自尊感情（SOSE）と基本的自尊感情（BASE）を測定します。社会的自尊感情は，他者からほめられたり，認められたり，成功体験を積んだりすることによって高まる感情で，他者との比較による相対的な優劣による感情です。基本的自尊感情は，成功や優越とは無関係に自分のよいところも悪いところもあるがままに受け入れ，自分を大切な存在として尊重する感情で，比較ではなく絶対的な無条件の感情です。

●学習コンピテンス尺度

　学習に関して認知している自分の有能さを示しています。学習コンピテンス尺度は，自身の学業成績や友人の学業成績から影響を受ける，また，逆に学習コンピテンス尺度が学業成績に影響を与えることがわかっています。小学生では読みの困難があると学習に対する自己評価は低下するという研究（山下・林，2014）や，中学生では読みの困難さは直接的には学習に関する自己評価には影響を与えないという研究（山下・林，2012）があります。山下・林（2012）では，読みに困難がある中学生で学習コンピテンスが低下しない理由として，独自の方法で文意を把握する方略を身につけることで，困難感につながるのを防いでいるからではないか，と考察しています。

●精神的回復力尺度（ARS）

　精神的な落ち込みからの回復を促す心理的特性である精神的回復力（レジリエンス）を測定しています。ARSでは，レジリエンスについて，新奇性追求，感情調整，肯定的な未来志向の 3 つの因子を考えます。新奇性追求は，多様な物事に対して興味・関心があり，そのために新しく行動に移すことを意味してい

ます。感情調整は，感情や，感情に関連する心理的過程を制御するという意味です。肯定的な未来志向は，将来の夢・目標を持ち，そのための計画や具体的な見通しをもつ傾向のことを言います。

●保護者への面接調査

　保護者からは，本人の変化，家族の変化，学校と話す機会の有無，学校の変化，KIKUTAで一番良かったことの5項目について半構造化面接を実施して，インタビューを録音した後，逐語文字起こしを行ったデータを，テキストマイニングの手法で分析しました。

　分析は，参加者のそれぞれの参加期間ごとの分析と，参加者のデータを全体としての分析の2つを行いました。以下では，全体としての結果の概要を示します。

　しかし，読み書き障害のある子どもたちは，困難さの個人差が大きいことが知られています。全体として見る場合は，あくまでも傾向として見る必要がありますので，注意をしてください。

（2）心理アセスメントの結果

①自尊感情

　第1期生から第3期生までの36名の基本的自尊感情は，1名だけのz得点がマイナス1.6と下位6％の位置にありましたが，他の35名のz得点は上位50％の位置にあって，しっかりと保たれていました。先行研究では，蘭（1992）は，親からの支持は子どもの自尊感情に影響するとし，加藤・西（2010）は，家族関係における自尊感情が直接全体的自尊感情に影響することを示しています。基本的自尊感情が保たれていたことは，KIKUTAに通ってきた熱心な家族の影響が大きいかもしれません。

　その反面，他者との比較による相対的な優劣による感情である社会的自尊感情は，約4分の1の者が，z得点が下位16％の位置にありました。中には，z得点が下位2％の位置にある者が複数いました。この章の第1節のエピソード集からもわかるように，読み書きの困難さの無自覚，読み書きの困難さから生

じた身体症状，学校との関係，不登校経験，トラウマといってもよいほどの過去の辛い記憶，読み書きの困難について周囲に知られることの恐怖などが原因ではないでしょうか。

　社会的自尊感情が，KIKUTA 参加前と KIKUTA のプログラム修了後とで改善傾向だった者は約 3 分の 1 でした。その中には，KIKUTA に参加したことが少しは影響した者がいたのではないかと考えています。それは，保護者のインタビューの中で語られているエピソードからの推測です。例えば，同じ困難さのある子どもたちと会えて自分一人だけではないことがうれしかった，それでいいよとか大丈夫だよと言ってくれる人がたくさんいた環境がよかった，読み書きに困難がある大学生が未来を見せてくれた，表情が KIKUTA に通う前より柔らかくなって楽しかったという言葉も聞くことができるようになった等々のことが語られています。

②学習コンピテンス尺度

　全 36 名の約 6 分の 1 は，z 得点が下位 16% の位置にありました。

　小学生 26 人では，2 名だけの z 得点が下位 16% にありました。先行研究の山下・林 (2014) では，小学生では読みの困難があると学習に対する自己評価は低下する，となっていましたが，異なる結果になっています。河野ほか (2021) でも，学習コンピテンス尺度 (桜井，1992) を使って，KIKUTA と同様の ICT 支援プログラムの効果測定をした結果，参加者全員が，学習に関する自己評価は指導前から平均値以下の者であっても 2 標準偏差以下ではない，という結果だったことを報告しています。その理由の考察として，小学生は自分の学習成績を正確に認知していないことが多い，ということを指摘しています。その根拠として，ベネッセ教育総合研究所 (2001a，2001b) は，中学生では自分の学習成績の自己評価と学力階層の関連はきわめて強いのに対して，小学生では，学力階層が「下位」であっても今の成績がクラスで「上位」や「中位」であると自己評価する子どもが多く，その割合の合計は 45.0% にも達すると報告を示しています。KIKUTA の場合も同様であるかもしれません。

　あるいは，読み書きが大きく関係しない教科等も含めて「学習」を捉えている可能性も考えられます。学習コンピテンス尺度 (桜井，2007) の質問項目は，

「勉強」「成績」「授業」「テスト」等となっていて，読み書きだけに直接関係する質問項目はありません。例えば保護者インタビューの中には，算数はちょっとできる，勉強もいろいろなことができるようになった等の発言があります。

　中学生 13 人の約半数の z 得点が下位 16% の位置にあったので，中学生では読みの困難さは直接的には学習に関する自己評価には影響を与えないとした山下・林（2012）とは異なった結果になっています。山下・林（2012）は，独自の方法で文意を把握する方略を身につけることで，困難感につながるのを防いでいるからではないか，と考察していますから，その考察からは，KIKUTA の参加中学生は，独自の読み方略等を身につけておらず，読み書きの困難さに翻弄されている状態だったといえるかもしれません。

　学習コンピテンス尺度が KIKUTA 参加後に顕著に上昇した参加者もいて，第 1 節のエピソード集に登場した山野くん（エピソード 8 の子）は，下位 2% の位置から上位 50% の位置に改善しています。山野くんの保護者のインタビューの中でも，タブレットを使って学校で支援を受ける方向に決まったこと，宿題に使うところから始めようと学校と話し合いがあったことなどが語られていますので，ICT を活用した学習方法で，自身の読み書きの困難さを補える自信が生まれてきた結果かもしれません。

　ただし，多くの参加者では，顕著な改善変化は見られませんでした。このことは，河野ほか（2021）でも同様な結果であって，その考察として，読み書きを補う手段を知るだけではその有効性に気づくことができない，ということがあるかもしれないと述べています。その根拠として，先行研究の平林（2017）と深谷ほか（2016）を紹介しています。平林（2017）では，ICT を導入して高校に進学した限局性学習障害の事例を紹介し，ICT 導入は第 1 ステップであって，第 2 ステップとしての教科ごとに特化した ICT 活用スキルの習得が必要であったことを指摘しています。深谷ほか（2016）では，通常学級の一斉授業の中でデジタル教科書を活用して読み補助とする研究において，ICT による読み書きの補助をしただけでは十分ではなく，ICT を効果的に活用するための指導が必要であることを指摘しています。KIKUTA で獲得した ICT 活用スキルを，学校の場でどう使いこなしていくか，という指導が必要であるのかもしれません。そのことは，保護者インタビューの中にも，今後，学校と配慮について話

し合いをする，KIKUTA で学んだことを活用したい，ICT を学校に持ち込んで授業を受けることを考えている等々が語られていることからも推測されます。

③レジリエンス

　プログラム参加前に z 得点が下位 16％の位置にあったのは，新奇性追求では約 5 分の 1，感情調整では約 4 分の 1，肯定的な未来志向では約 4 分の 1，総得点では約 4 分の 1 でした。ですから約 4 分の 1 の参加者は，精神的な落ち込みからの回復を促す心理的特性である精神的回復力であるレジリエンスが弱いという状態でした。

　KIKUTA 参加後に，新奇性追求と肯定的な未来志向の改善が見られるのではないか，と仮説を立てていましたが大きく変化した者はいませんでした。

（3）保護者へのインタビュー

　インタビュー結果は，ユーザーローカルテキストマイニングツール（https://textmining.userlocal.jp/）を使って分析しました。その結果の一部，ワードクラウド（図 29）と共起ネットワーク（図 30）を図示します。ワードクラウドは，重要度が高い単語を選び出して，重要度に応じた大きさで図示されます。文字の大きさは，保護者が意識を向けている程度を示していることになります。単語の位置には意味はなく，単語同士の近さにも意味はありません。一方，共起ネットワークは，文章中に出現する単語の出現パターンが似たものを線で結んだ図です。出現する回数が多い語ほど大きく，また一緒に出現する回数が多いほど単語は太い線で結ばれます。

　ワードクラウドからは，話の全体像がわかります。KIKUTA 関連の重要度の高い単語としては，「チューター」，「iPad」，「通う」，「わかる」，「できる」，「前向き」があり，学校関係では，「担任」，「話す」，「配慮」，「面談」，「理解」，「Chromebook」がありました。また，インタビュー中は肯定的な発言がされていたことが，「すごい」，「よい」，「ありがたい」などのプラスの価値を持つ単語が多いことからわかります。KIKUTA への参加を前向きに捉えていて，今後，学校に配慮申請を出すことが検討されている状態であることがわかります。な

お，「Chromebook」は，現在学校で支給されている機種として語られていて，KIKUTAで使用したiPadを持ち込むことを申請したい，という文脈で出てきています。

図29　保護者インタビューのワードクラウド

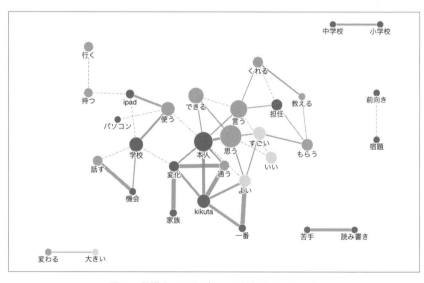

図30　保護者インタビューの共起ネットワーク

共起ネットワークからわかることは，KIKUTA に通った結果として，本人や家族によい変化があり，その変化は，学校の担任の先生に話されていて，学校でiPadを使いたいと話す機会につながっていることです。ワードクラウドと同様に，KIKUTAへの参加を肯定的に捉え，参加者のそれぞれが通っている学校でiPadを活用するために，話し合いを設定するというスタートラインに立っていることがわかります。

　なお，これらの詳細については，参加者の心理アセスメント結果も合わせて分析し，後日，研究論文として報告する予定です。

おわりに

北陸大学国際コミュニケーション学部 教授
河野俊寛

KIKUTAの特異性は3点あります。

1点目は，合理的配慮の自己申請を目標にしている点です。

KIKUTAは，ICTを活用した低次の読み書きを補助代替するスキルを教えることを最終目標にしていません。スキルを学校や入試等で実際に活用できることを最終目標にしています。しかし，そのための合理的配慮申請は自己申請できなければいけません。

ICTを活用できるようにする支援を行う場所・施設は，河野（2021）によると，2009年に東京大学に設置された相談センターから始まり，民間企業が開設した塾，民間小児科クリニック内での療育の一つとしての取り組み等々があります。また，「読み書き配慮」においても，ICT指導者講習会を開催し，低次の読み書きの補助代替支援に必要なICT操作スキルの，いわば伝授は行われています。しかし，獲得したスキルを学校や入試等でどう活用するのかについては，支援をする場所が皆無に等しいのが実態です。それは，最終的には本人が申請をする必要があるからで，本人以外は，本人を間接的にサポートするしか方法がないからでしょう。

KIKUTAでは，本人申請ができる力を育むために，プログラムに「SHOW＆TELL」を毎回入れ，最終回の第9回には，合理的配慮申請のプレゼンテーションを，それまでに獲得したスキルを駆使して，保護者も交えたみんなの前で行っています。その最終回のプレゼンテーションに向けての指導では，本人たちの毎回の活動への取り組みの様子だけではなく，初回に実施している心理アセスメントの結果も参考にしています。社会的自尊感情の低下，学習コンピテンスの低さ，レジリエンスの弱さ等がある場合には，対応に注意しています。

　また，一見古臭い道徳用語の「誠意」や「感謝」を取り上げているのも，交渉術として教えています。対人スキルとしての「誠意」と「感謝」です。

　限局性学習障害（SLD）は他の発達障害に併存することがあります。岡ほか（2012）が，注意欠如多動性障害（ADHD）では43.6%，自閉症スペクトラム障害（ASD）では25.8%にSLDが併存していた報告しています。行動の障害であるASDやADHDが合併していると，対人コミュニケーションや対人スキルの問題を抱えていることが多くあります。その結果，合理的配慮の申請にあたって，建設的対話にならずに一方的な権利主張で終わってしまって，結局話し合いが決裂してしまう，ということが起こりえます。それを防ぐために，あえて「誠意」や「感謝」という言葉を出しています。

　２点目は，ピアサポートです。
　KIKUTAのプログラムに「グループトーク」があるように，参加者同士の交流を意識的に作っています。
　保護者のインタビューの中でKIKUTAで一番よかったこととして，同じ困難を持つ子どもと出会えたことをあげている人がいます。例えば，「仲間が，みんな読み書きができない子たちがそろってたっていうこと」，「読み書きが苦手な子がいるっていうふうに気づけたこと」，「子どもが，その同じ立場の子たちと会えて，みんな同じ頭だねって言ってたのがすごくうれしかったみたいで。自分だけじゃないっていうのがわかったのが。そこがやっぱり，子どもが，一人じゃないんだというのがわかった，っていうのが良かったです」，「同じような子がたくさんいるんだよ，っていうところが知れたっていうのが一番かなと思いますね。自分だけじゃないし，自分が，まあ，ちょっと苦手だと思ってたけど，やっぱり，ちょっと助けを求めていいレベルなんだなというか，そういうのが，自分で感じられたっていうか。まあ，仲間もいる，というところが一番かなと思います」，「チューターの，同じような悩みを持つ先輩っていうか，見本にできるチューターがいて，例えば年下だったら昔の自分を見てるようだったし，こんなにたくさんいるんだ，みたいなのはあったと思うので，なんかいい影響があるんじゃないかなと思ってます」という語りがされています。
　KIKUTAでは，毎回の指導記録が作成されていて，関係者で共有できるよう

にしています。その指導記録にも，「グループトーク」や他のプログラムにおいて，参加者同士が積極的に関わっている様子が書かれています。

　3点目はカリスマティック・アダルトの存在です。

　読み書きに困難がある大学生チューターが，参加している子どもたちに，読み書きに困難があっても可能な未来を具体的に見せてくれました。

　大学生チューターが，いわば，カリスマティック・アダルトとなったのかもしれません。

　カリスマティック・アダルトとは，心理学者のジュリアス・シーガル（Segal, J.）が提唱した用語で，その後，ハーバード大学のロバート・ブルックス教授が，「ありのままの自分を受容し，課題をきちんと指摘してくれるカリスマティック・アダルトとのかかわりが，人の人生を大きく変える」と使ったことから，発達障害の子どもらの成長に欠かせない存在としてこの言葉は引用されるようになっています。

　保護者のインタビューの中にも，「チューターと仲よくなったりして，お気に入りのチューターができたと聞いて。チューターに会うのも楽しみでした，学ぶのも楽しみのようでしたし，前向きに取り組んでいたようです」，「ちょっと年齢が上のチューターたちと接することで，こういう感じに未来が開けるんだっていうのは，本人的にはちょっと興味が出たかなっていうところだったかな」，「チューターがいることによって，本人がこう見てもらいたいとか。たくさんチューターがいるから，いろいろほめてくれたりしますもんね。承認要求が高まっている感じがするっていうか，ずっと見られたいっていう意欲っていうのは，勉強ではないところで出てきた」という語りが出てきます。

　低次の読み書きに困難があると，考えることさえしなくなる子どもが出てきます。そのような，考えることをやめてしまった子どもに，音声入力の方法を教えた時，本人が音声入力時に話す言葉は，ただ「あー」としか言えないことがあります。つまり，短く話す内容でさえ考えないのです。そのような状態になる前に，低次の読み書きを支援する方法を知って欲しいと思っています。

　しかし，ICT機器を自立的に使うためには練習が必要です。その練習の場が，

全国的に不足しています。ICTを使えば低次の読み書きを補助代替できる，という方針は知られるようになってきましたが，どのように具体的に使うのかについては，知りたくても知ることができない人々が多くいます。

　この書籍には，KIKUTAのプログラムすべてが公開されています。この本を手に取られた方は，今すぐにICTを活用した支援に取り組むことができるはずです。

　どうぞ，読み書きに困っている子に，本書で紹介したKIKUTAプログラムのようなICT支援があることを伝えてください。そして，本人と相談しながら，使えるところからICTを活用してみてください。それが支援の第一歩になります。

【参考・引用文献】

蘭千壽 (1992) セルフ・エスティームの形成と養育行動. 遠藤辰雄, 蘭千壽, 井上祥治編：セルフ・エスティームの心理学—自己価値の探求—. ナカニシヤ出版, 168-177.

ベネッセ教育総合研究所 (2001a) 第3回学習基本調査小学生版. https://www.crn.or.jp/LIBRARY/GAKUSHU/PDF/SYO_135-146.PDF (2022年12月20日閲覧).

ベネッセ教育総合研究所 (2001b) 第3回学習基本調査中学生版. https://www.crn.or.jp/LIBRARY/GAKUSHU/PDF/CYU_145-161.PDF (2022年12月20日閲覧).

深谷達史, 武長龍樹, 巖淵守他 (2016) 一斉授業におけるデジタル教科書の活用を通じた読み困難を支援する指導法の検討—小学3・4年生を対象として. LD研究, 25, 256-271.

福本理恵, 平林ルミ, 中邑賢龍 (2017) LDへのICT活用の効用と限界. 児童青年精神医学とその近接領域, 58, 379-388.

平林ルミ (2017) 通常学級での学び (読み書き計算等) を保障し, 教科教育への参加を可能にするICT活用. LD研究, 26, 22-29.

井上智, 井上賞子 (2012) 読めなくても, 書けなくても, 勉強したい—ディスレクシアのオレなりの読み書き. ぶどう社.

石井恵子, 上野一彦 (2008) 発達障害のある児童生徒の不登校傾向について－情緒障害通級指導学級の実態調査を通して－. LD研究, 17(1), 90-96.

加藤佳子, 西敦子 (2010) 小学生の家族関係および友人関係における自尊感情と全体的自尊感情との関連. 日本家政学会誌, 61, 741-747.

近藤卓 (2013) 子どもの自尊感情をどう育てるか－そばセット (SOBA-SET) で自尊感情を測る－. ほんの森出版.

小枝達也 (2002) 心身の不適応行動の背景にある発達障害. 発達障害研究, 23, 258-266.

河野俊寛, 山田彩加, 高塚真緒他 (2021) 限局性学習障害児に対してタブレットPC (iPad) を支援機器として使った小グループ指導－児童用コンピテンス尺度による1年間の指導効果の評価－. 金沢星稜大学人間科学研究, 15, 59-67.

河野俊寛 (2021) 日本における読み書き障害のある子どもへのICTを活用した支援の現状と課題. LD研究, 30, 283-287.

文部科学省 (2022) 通常の学級に在籍する特別な教育的支援を必要とする児童生徒に関する調査結果について (令和4年12月13日) https://www.mext.go.jp/content/20221208-mext-tokubetu01-000026255_01.PDF (2022年12月20日閲覧).

岡牧郎, 竹内章人, 諸岡輝子他 (2012) 広汎性発達障害と注意欠陥／多動性障害に合併する読字障害に関する研究. 脳と発達, 44, 378-386.

大木浩士 (2022) 博報堂 H-CAMP流プレゼン指導の基礎ガイド, 株式会社東洋出版社

小塩真司, 中谷素之, 金子一史 (2002) ネガティブな出来事からの立ち直りを導く心理的特性－

精神的回復力尺度の作成−. カウンセリング研究，35(1)，57-65.

櫻井茂男(2007)児童用コンピテンス尺度. 櫻井茂男，松井豊(編)心理測定尺度集IV 子どもの発達を支える〈対人関係・適応〉. サイエンス社，22-27.

Uno, A., Wydell, T. N., Haruhara, N. et al. (2009). Relationship between reading/writing skills and cognitive abilities among Japanese primary-school children: Normal readers versus poor readers (dyslexics). Reading and writing 22, 755-789.

山下稔哉，林隆(2012)一般中学生のひらがな音読能力と自己評価および抑うつの関係. 脳と発達，44, 45-49.

山下稔哉，林隆(2014)読みの困難が小学生の学習に関する自己評価と心理的健康におよぼす影響. 脳と発達，46, 221-225.

■ 著者紹介

菊田史子（きくた・ふみこ）

一般社団法人読み書き配慮代表理事。学習障害の長男を育てる保護者。読み書きへの合理的配慮を得て学ぶ長男は慶應義塾大学へ進学。2018年に一般社団法人読み書き配慮を立ち上げ，学習障害の子どもへの合理的配慮のデータベースを軸に，学習障害の理解，検査，支援に関わる事業を展開。その一つに「読み書き苦手な子供のスクールKIKUTA」がある。活動はメディアでも注目を集め，親子の足跡を描いたEテレハートネットTV『"書けない"ボクと母が歩んだ道～学習障害と共に～』はNHK厚生文化事業団福祉ビデオライブラリーやNHKティーチャーズライブラリーで無料貸し出し中。著書に『これでピタっと！ 気づけば伸ばせる学習障害――事例から学ぶ"解決"教えたいのは挫折ではなく生きる力』(Book Trip)，『LDの「定義」を再考する』(金子書房) がある。

河野俊寛（こうの・としひろ）

北陸大学国際コミュニケーション学部心理社会学科教授。言語聴覚士，公認心理師。東京大学大学院工学系研究科博士課程修了，博士 (学術)。獣医師，中学校教員，特別支援学校教員，東京大学先端科学技術研究センター研究員，金沢星稜大学教授などを経て現職。専門は，子どもの書字の発達研究，文字の読み書きやコミュニケーションに困難がある子どもを対象としたテクノロジーを活用した支援臨床。社会に適応しにくい子どもたちが，あるがままではなく，しかし自身のユニークさを損なわずに社会生活を送れることをめざして研究と臨床を行っている。主な著書に『読み書き障害(ディスレクシア)のある人へのサポート入門』(読書工房)，『タブレットPCを学習サポートに使うためのQ&A』(明治図書出版) など多数。開発した検査に「小中学生の読み書きの理解 URAWSS II」，「中学生の英単語の読み書きの理解 URAWSS-English」がある。

※「KI KU TA」(ロゴ) は一般社団法人読み書き配慮の商標又は登録
　商標です。

読み書き困難のある子どもたちへの支援
—— 子どもとICTをつなぐKIKUTAメソッド

2023 年 9 月 30 日 初版第 1 刷発行　　　　　　　［検印省略］
2023 年 10 月 23 日 初版第 2 刷発行

著　者　菊 田 史 子
　　　　河 野 俊 寛
発行者　金 子 紀 子
発行所　株式会社 金子書房
　　　　〒112-0012　東京都文京区大塚 3-3-7
　　　　TEL　03-3941-0111㈹
　　　　FAX　03-3941-0163
　　　　振替　00180-9-103376
　　　　URL　https://www.kanekoshobo.co.jp/

印刷／藤原印刷株式会社
製本／有限会社井上製本所
装丁・デザイン・本文レイアウト／ mammoth.